# MARCO POLO

W0035178

# SHANGHAI

## HANGZHOU, SUZHOU

**Reisen mit Insider Tipps**

RUSSLAND

KASACHSTAN    MONGOLEI

KIRG.                              NORD-
TADSCH.              Peking      KOREA
                                SÜD-
AFGHA-      C H I N A   Shanghai KOREA   Tokio
NISTAN                                  JAPAN
PAKI-    NEPAL BHUTAN              PAZIFISCHER
STAN                              OZEAN
     BANG.          Hongkong
INDIEN   MYAN-               TAIWAN
         MAR LAOS
INDISCHER  OZEAN  THAI- VIET-
                  LAND  NAM  PHILIPPINEN

> Shanghai ist faszinierend – die Größe,
> das Fremde, die Gegensätze. Immer
> wieder staunen und sich überraschen
> lassen, aber sich über nichts wundern,
> damit kommt man weit: Man erlebt die
> schönsten Geschichten und trifft die
> interessantesten Leute.
> *MARCO POLO Autorin*
> *Sabine Meyer-Zenk*
> (siehe S. 139)

**Spezielle News, Lesermeinungen und Angebote zu Shanghai:**
**www.marcopolo.de/shanghai**

# SHANGHAI

## > SYMBOLE

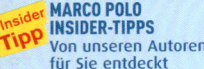
**MARCO POLO INSIDER-TIPPS**
Von unseren Autoren für Sie entdeckt

★ **MARCO POLO HIGHLIGHTS**
Alles, was Sie in Shanghai kennen sollten

☀ **SCHÖNE AUSSICHT**

📶 **WLAN-HOTSPOT**

▶▶ **HIER TRIFFT SICH DIE SZENE**

## > PREISKATEGORIEN

**HOTELS**
€€€  über 150 Euro
€€  75–150 Euro
€  unter 75 Euro
Die Preise gelten für ein Doppelzimmer pro Nacht ohne Frühstück

**RESTAURANTS**
€€€  über 20 Euro
€€  10–20 Euro
€  unter 10 Euro
Die Preise gelten für ein Essen, Getränke nicht inbegriffen

## > KARTEN

**[122 A1]**  Seitenzahlen und Koordinaten für den Cityatlas Shanghai
**[0]**  außerhalb des Kartenausschnitts

Zu Ihrer Orientierung sind auch die Objekte mit Koordinaten versehen, die nicht im Cityatlas eingetragen sind
Umgebungskarte auf S. 130/131, Citypläne Hangzhou und Suzhou S. 132 und 133
Einen Metroplan finden Sie im hinteren Umschlag

# INHALT

## > SZENE

S. 12–15: Trends, Entdeckungen, Hotspots! Was wann wo in Shanghai los ist, verrät der MARCO POLO Szeneautor vor Ort

## > 24 STUNDEN

S. 98/99: Action pur und einmalige Erlebnisse in 24 Stunden! MARCO POLO hat für Sie einen außergewöhnlichen Tag in Shanghai zusammengestellt

## > LOW BUDGET

Viel erleben für wenig Geld! Wo Sie zu kleinen Preisen etwas Besonderes genießen und tolle Schnäppchen machen können:

Sightseeing mit Bus und Bahn S. 28 | Einfach köstlich: Süßkartoffeln und Jiaozi S. 58 | Handgefertigte Souvenirs S. 65 | Konzertbesuch für ein paar Yuan S. 70 | Richtig günstig schlafen in Shanghai S 79 | Preisgünstig und stilecht: Garküchengasse in Hangzhou S. 88

## > GUT ZU WISSEN

Blogs & Podcasts S. 32 | Bücher & Filme S. 36 | Pingpong hat Tradition S. 42 | Expo 2010 S. 45 | Gourmettempel S. 54 | Spezialitäten S. 56 | Luxushotels S. 76

**AUF DEM TITEL**
Zu Besuch in der grünen Stadtoase Yu Yuan S. 30
Die Gassen von Xintiandi S. 65

# ENTDECKEN SIE SHANGHAI!

Unsere Top 15 führen Sie an die traumhaftesten Orte und zu den spannendsten Sehenswürdigkeiten

*Die Highlights sind in der Karte auf dem hinteren Umschlag eingetragen*

 **Bund**
Der koloniale Prachtboulevard am Huangpu, aufpoliert im postkommunistischen Shanghai, steht wieder für lustvollen Kommerz und den anspruchsvollen Geschmack einer aufstrebenden Metropole (Seite 24)

 **Chinesische Altstadt**
Das alte China ist noch nicht ganz untergegangen – in einigen Gassen wird noch gelebt wie vor hundert Jahren (Seite 29)

 **Yu Yuan**
Chinesische Gartenkunst mit Fels und Wasser, Wandelgängen und Pavillons, Zickzackbrücke und Drachenmauer: Hier schlägt das ruhige Herz der Altstadt (Seite 30)

 **People's Square**
Grandiose, futuristische Architektur mit chinesischen Elementen. Einst Pferderennbahn, heute Zentrum von Kunst, Kultur und Verwaltung (Seite 38)

 **Jadebuddhatempel**
Die lieblichen Jadebuddhas sind nur ein Teil der prunkvollen Ausstattung (Seite 41)

 **Shanghai Museum**
Das beste Museum im Land setzt Chinas Kulturschätze eindrucksvoll in Szene (Seite 43)

 **Jin Mao Building**
Die silberne Pagode des 21. Jhs. ist immer noch der schönste Wolkenkratzer der Welt (Seite 45)

# > DIE BESTEN MARCO POLO HIGHLIGHTS

 **Oriental Pearl Tower**
Das Wahrzeichen der Stadt: Die Zukunft möge rosarot erscheinen, echt und rein wie die Perle sein und phantastisch leuchten (Seite 46)

 **Longhua-Tempel**
Die anmutige Pagode aus dem 9. Jh. am Tempeleingang kündet von uralter Baukultur (Seite 47)

 **Xintiandi**
In den restaurierten Gassen des Trendviertels herrschen Konsum und Vergnügen (Seite 65)

 **Grand Theatre**
Ein wunderbarer, gläserner Tempel für die Muse – und der richtige Rahmen für Künstler von Weltruf (Seite 71)

 **Grand Hyatt**
Der größte Luxus: im Himmel in die Federn steigen, die Metropole zu Füßen (Seite 76)

 **Westsee**
Der Stadtsee in Hangzhou ist seit alters berühmt für seine Schönheit – und bietet viele Perspektiven (Seite 84)

 **Literatengärten**
Große Natur im Kleinen – wohlhabende Konfuzianer in Suzhou gestalteten sie sich als ihre Privatparadiese (Seite 86)

 **Putuo Shan**
Kleine Insel im ostchinesischen Meer: Das Ziel der Guanyin-Wallfahrer erfreut mit prächtigen Klöstern, Bergpfaden und schönen Stränden (Seite 103)

# WAS FÜR EINE STADT!

> Shanghai – man muss es mit eigenen Augen sehen! Das gigantische Häusermeer, so weit das Auge reicht. Den mächtigen Fluss Huangpu. Die himmelstürmenden Bauten, die mehrstöckigen Straßen wie in einem Science-Fiction-Film. Staunen Sie über den Reichtum, der in eleganten Restaurants und Bars glamourös inszeniert wird. Und erleben Sie die Menschen, deren scheinbar unermüdliche Kraft diese Stadt pulsieren lässt: im Takt der Zukunft. Shanghai ist einer der spannendsten Orte der Erde – und abends, wenn die wunderbare elektrische Nacht die Skyline ins Neonlicht taucht, auch überwältigend schön.

> Wenn die Sonne über der Stadt aufgeht, sollten Sie an der Uferpromenade, dem Bund, stehen. Dort begrüßt Sie das tiefe Horn der Jangtse-Fähren und das Tuckern der Schleppkähne, die schwer beladene Barken hinter sich herziehen, auf dem großen, träge dahinfließenden Huangpu.

> **Shanghai will das New York des 21. Jhs. werden**

Man muss erleben, wie die kolonialen Prachtbauten, Relikte einer großen Vergangenheit, aus dem Nachtschatten treten und drüben, am anderen Ufer, eine Skyline aus dem Morgennebel auftaucht, die an Manhattan denken lässt.

Shanghai will das New York des 21. Jhs. werden. China, das mit 1,3 Mrd. Menschen bevölkerungsreichste Land der Erde, erobert seinen Platz in der globalen Ökonomie und in der internationalen Politik.

Das riesige Reich will an die Spitze, und Shanghai spielt dabei die Vorreiterrolle. Vom amerikanischen Gigantismus berauscht, wetteifert man um Superlative. Die Stadt ist stolz auf zwei der höchsten Wolkenkratzer der Welt, auf die anspruchsvollste Formel-1-Rennstrecke – und auf den schnellsten Zug: Der Transrapid schwebt regelmäßig zum Flughafen Pudong. Dieser wird ausgebaut, um jährlich 60 Mio. Fluggäste abfertigen zu können, wenn 2010 die Weltausstellung Expo eröffnet wird.

Dass man in China ist, wird einem erst so richtig bewusst, wenn man den Blick von der Skyline abwendet und sich unter die Menschen mischt. Shanghai hat rund 17,5 Mio. Einwohner – ein Stadtvolk, das ständig in Bewegung ist: der Strom der Fußgänger in der Nanjing Lu, die Pulks der Pendler in den überfüllten Bussen und die Schwärme der Fahrradfahrer. Die Shanghaier arbeiten uner-

Blick von West nach Ost auf den Oriental Pearl Tower: Einkaufsmeile Nanjing Lu

müdlich, kaufen unentwegt ein und essen ständig und überall, so scheint es. Nur in den Gassen der Altstadt vollzieht sich das Leben in einem gemächlicheren Tempo. Wenn die Sonne scheint, wird Wäsche auf langen Stangen getrocknet, zwischen den Straßenbäumen schaukeln Unterhosen auf Drahtbügeln. Die Anwohner stellen Tische und Stühle in die Gassen und breiten ihre Schlafdecken zum Lüften darauf aus. Alte Frauen stricken, Verkäufer schlafen in ihren Liegestühlen, Männer beugen sich über Brettspiele. Shanghai ist eine Stadt der Kontraste: Blickt man auf, glänzt das Jin Mao Building

> **Ein Stadtvolk, das ständig in Bewegung ist**

in der Sonne, dieser elegante Turm aus Stahl und Glas, anmutig wie eine Pagode. Mit seinen 421 m ist es derzeit eines der höchsten Gebäude der

Welt, und wohl das schönste. Neben ihm verblassen all die anderen Wolkenkratzer. In der Summe sind es mehr als 3000 Hochhäuser von über 35 m Höhe, die hier im letzten Jahrzehnt entstanden sind.

Schon einmal in der Geschichte Shanghais gab es eine solch atemberaubende Dynamik: Im 19. Jh. erkannten die Briten die hervorragende wirtschaftsgeografische Lage der Manufaktur- und Hafenstadt. Nördlich der Stadt mündet der Huangpu in den Jangtse. Dieser gewaltige Strom erschließt das Innere des riesigen Landes und gewährte den Zugang zu seinen wichtigsten Gütern: Tee, Porzellan und Seide. Die Briten erzwangen mit dem Opiumkrieg 1842 die Öffnung des Hafens für den internationalen Handel. Zusammen mit Amerikanern und Franzosen errichteten sie ihre Handelshäuser am Huangpu und feuerten das urbane Kraftwerk an. Shanghai stieg zur Weltmetropole auf. Im „goldenen Zeitalter" von 1900 bis 1941 entstanden die Kolonialbauten am Bund, die Kaufhäuser in der Nanjing Lu, die eleganten Clubhäuser, Art-déco-Hotels und die Wohnhäuser im Französischen Viertel. Eine Vorstellung von der Grandeur jener Ära bekommen Sie, wenn Sie durch die alten Platanenalleen wandern, über Gartenmauern spähen oder durch schmiedeeiserne Zäune lugen: In verwilderten Gärten stehen Villen mit Erkern, Türmen und Säulenportalen, Flügeltüren führen auf schattige Veranden. Fotos aus der damaligen Zeit zeigen, dass die Reichen wussten, wie man Feste feiert.

Shanghai wurde mit dem Prädikat „Paris des Ostens" für seine Eleganz geadelt und kam als die verruchteste Stadt des Orients zu zweifelhaftem Ruhm. Ein Heer von Arbeitern schuftete unter elenden Bedingungen für die wirtschaftliche Blüte. Jeden Morgen wurden die Leichen der verhungerten Bettler auf den Straßen eingesammelt. Unter den Studenten und

> **Die Metropole wird vom Geld regiert**

Gebildeten wuchs der Unmut über die Zustände: 1921 wurde in der Französischen Konzession die Kommunistische Partei Chinas gegründet. Mit dem „Shanghai-Massaker" vom April 1927 ließ Chiang Kai-shek die Arbeiterbewegung zerschlagen, die Kommunisten flohen in die Berge. Es folgte ein weiteres Jahrzehnt ungehemmter wirtschaftlicher Entwicklung. Rund 60 000 Ausländer aus über 30 Nationen lebten hier, als 1937 die Japaner nach monatelangen Bombardements die 3,7 Mio. Einwohner zählende Stadt besetzten. Damit begann der Abstieg Shanghais.

Nach Jahren des Bürgerkriegs zogen 1949 die Kommunisten in Shanghai ein. Das Glücksspiel wurde verboten, Bordelle wurden geschlossen, Drogenabhängige und Prostituierte umerzogen, Slums wurden beseitigt, und die Kinderarbeit verschwand. Keiner hungerte mehr, es sei denn nach Freiheit: Die Regierung in Peking führte Shanghai hart am Gängelband – galt es doch, der Stadt das

kapitalistische Denken, das bourgeoise Handeln, die westliche Dekadenz auszutreiben. Die Unterordnung noch aus Kolonialzeiten gewohnt, marschierten die Shanghaier zum Klang der Sirenen in die Fabriken und produzierten die landesweit besten Produkte, ohne deren Profit einzustreichen: Shanghai diente Peking als „Melkkuh". Irgendwann war die stolze Stadt gefallen. Der Ruß aus den vielen Fabriken hatte die Häuser geschwärzt, die Indoktrination die Menschen in ihren grauen Plattenbauten verstummen lassen.

Mit der Liberalisierung in den 1980er-Jahren begann die sozialistische Tristesse auch aus Shanghai zu weichen, doch erst ab 1992 durfte sich die Stadt frei entfalten. Mit den ehemaligen Shanghaier Bürgermeistern Jiang Zemin und Zhu Rongji an der chinesischen Führungsspitze genoss die Stadt politische Rückendeckung aus Peking. Man investierte Milliardenbeträge in die Infrastruktur, eine Sonderwirtschaftszone in Pudong lockte ausländische Investoren an. Ganze Viertel mussten Bürohochhäusern weichen. Fabriken, die in der Stadt unter Lärm und Gestank produziert hatten, wurden ausgelagert und machten Platz für Wohnquartiere und Parks. Am People's Square entstand die Oper, und Glanz und Vergnügen hielten wieder Einzug. Der futuristische Fernsehturm Oriental Pearl Tower wurde unübersehbares Zeichen der neuen Stadt.

Die auferstandene Metropole wird – wieder – vom Geld regiert. Wer clever ist, kann hier sein Glück machen.

Die Neureichen der Stadt stellen ihren Reichtum selbstbewusst zur Schau: S-Klasse-Mercedes-Karossen sind der Renner. Während die Reichen in Nobelrestaurants dinieren, schuften auf den Baustellen die Arbeiter besser als in den ländlichen, armen Provinzen, aus denen sie geflohen sind. China ist ein Entwicklungsland, das vergisst man in Shanghai leicht. Vielen Bürgern hier geht es so gut wie nie zuvor. Sie arbeiten hart

In der Chinesischen Altstadt schlägt noch immer das Herz der Megacity

beiter im grellen Scheinwerferlicht. Die harten und gefährlichen Jobs gehören den Wanderarbeitern. Das britische Magazin „The Economist" hat sie als Sklaven bezeichnet, weil sie

> **Er ist wieder da:
der „Shanghai Spirit"**

rechtlos sind und brutal ausgebeutet werden – schätzungsweise 4 Mio. von ihnen leben in der Stadt. Wenn sie Arbeit haben, geht es ihnen hier und glauben wieder an die Zukunft. Die Angst vor staatlicher Willkür schwindet, eine neue Freiheit des Denkens, Redens und Handelns wächst.

Wie der Geist aus der Flasche, endlich befreit, ist er wieder da: der „Shanghai Spirit". Abends am Bund spürt man den fröhlichen Optimismus der Menschen. Abends, wenn die Stadt im Licht der Scheinwerfer und Leuchtreklamen glitzert – und ihre ganze Schönheit zeigt.

# ▶▶TREND GUIDE SHANGHAI

Die heißesten Entdeckungen und Hotspots! Unser Szene-Scout zeigt Ihnen, was angesagt ist

### Feifei Zhang

pendelt ständig zwischen Shanghai und München. Sie ist in beiden Städten zu Hause, ihre Heimat ist jedoch Shanghai – eine Metropole, in der sich Trends rasend schnell entwickeln, gepusht werden und am nächsten Tag wieder out sind. Doch die Mitarbeiterin eines internationalen Unternehmens lässt sich davon nicht täuschen, sie weiß genau was angesagt war, ist und sein wird.

# ▶▶ÖKO KOMMT

### Shanghai isst gesund

Bio ist der Trend der Stunde! Immer mehr Köche wählen ökologische Lebensmittel. Mittlerweile produziert das Shanghaier Umland immerhin 280 000 t „Green Food". Für alle, die sich selbst von der Qualität des neuen kulinarischen Highlights überzeugen wollen, lautet der Tipp: Ab ins vegetarische Restaurant *Zao Zi Shu* *(11–21 Uhr, Huangjincheng Dao 848)*. Das Gemüse, das hier auf den Teller kommt, ist nicht nur öko, sondern auch extrem raffiniert zubereitet. Doch wer ein echter Eco-Fan ist, der lässt sich nicht nur bekochen, sondern greift auch selbst zum Kochlöffel. Ein Bio-Supermarkt nach dem anderen eröffnet, um der steigenden Nachfrage

gerecht zu werden. Bei *Shanghai Organics (Daye Highway, Songjiang, www.shorganic.com/e_home.htm,* Foto*)* werden Obst und Gemüse jeden Tag direkt von der Öko-Farm angeliefert. Praktisch: Wer will, kann sich die knackigen Öko-Lebensmittel natürlich auch nach Hause bringen lassen.

# SZENE

## ▶▶ IN FORM GEBRACHT

### Zwischenstopp im Day-Spa

Shanghai ist busy! Neben Arbeit und Spaß bleibt kaum Zeit zum Erholen. Immer mehr Beautysalons bieten daher nicht nur kostspielige Tagesprogramme, sondern auch die schnelle Massage für zwischendurch an. Wenn die Tasche zwischen zwei Shoppingtrips zu schwer wird oder die Beine das Club-Hopping nicht mehr mitmachen, dann lässt man sich am besten bei *Kangjun (Dagu Lu, Jing'an, nahe Shimen Yilu)* oder im Salon *Grace Massage (Jiaozhou Lu 183, Jing'an)* verwöhnen. Den luxuriösesten Energiekick holt man sich bei *Dragonfly (Xinle Lu 206, Xuhui, www.dragonfly.net.cn, Foto)*. In stylishem Ambiente wählen Beautyfans zwischen Öl-, Fuß- oder klassischer Massage. Das öffentliche Badehaus *Sea Cloud Bathing House (Panyu Lu 888)* ist etwas einfacher, aber genauso effektiv.

## ▶▶ ROCK THAT CITY!

### Live und laut ist das Motto der Musikstars von morgen

Musik aus der Dose ist out, Livemusik wird immer beliebter. Bars und Clubs bieten aufstrebenden lokalen Bands eine Plattform, um sich dem Publikum zu präsentieren. Das Repertoire ist riesig: Von Rock über Indie bis hin zu Jazz wird alles gespielt und frenetisch gefeiert. In der *Live Bar (Kunming Lu 721, www.chinalivebar.com)* greifen die Musiker hart in die Saiten. Hier rockt es gewaltig, während sich das *JZ (Fuxing Xilu 46, Xuhui, www.jzclub.cn)* dem Jazz verschrieben hat. Der derzeit heißeste Tipp: der angesagte Club *4Live (Jianguo Zhonglu 8–10, Luwan, www.4liveunderground.com)*. Wer hier auftritt, hat den Plattenvertrag so gut wie in der Tasche.

## ▶▶ OST-WEST

### Kulinarische Völkerverständigung

Shanghais Köche trauen sich was! Sie experimentieren mit alten chinesischen Rezepten und würzen sie mit internationalen Cooking-Trends. Überraschungen sind dabei garantiert! Vom salzigen Meloneneis bis zur Pizza Fernost ist alles drin. Die geballte kulinarische Ladung bekommen Gourmets im *Whampoa Club* im *Three on the Bund* (*Zhongshan Dong Yilu 3, www.threeonthe bund.com,* Foto*).* Und auch im *T8 (Taicang Lu Lane 181 Nr. 15, Xintiandi, www.t8shanghai.com)* und *The Binjiang One (Binjiang Dadao, Pudong, www.bln.com.cn)* bieten die Chefköche innovative Küche vom Feinsten an.

## ▶▶ GLAMOROUS GAY

### Shanghai wird regenbogenbunt

Die Gay & Lesbian-Szene hat sich gemausert. In Shanghai ist Schluss mit dem Verstecken in dunklen Hinterhöfen. Gay steht für Topdesign und außergewöhnliche Events wie Unterwäscheshows und opulente Hochzeiten. Alles superedel und stylish! Die heißesten Venues der Szene sind *4X (Sichuan Beilu 518–818, Hongkou, www.4xclub.com.cn/home.html), Pink Home (Gaolan Lu 18, Luwan, www.pinkhome.cn), Club Deep (Nanjing Xilu 1649, Jing'an, www.clubdeep.cn)* und die *Frangipani Bar (Dagu Lu 339, Jing'an, www.frangipanibar.com).*

## ▶▶ CHINESISCHE NÄCHTE

### Schlafen wie im alten Shanghai

Morgens in den 1920er-Jahren aufwachen: Kleine, aber edle Unterkünfte wie das *Lapis Casa (Taicang Lu 68, www.lapiscasahotel.com,* Foto*)* oder das *M Suites (Yichang Lu 88, www.msuites.com.cn)* entführen die Gäste in die Vergangenheit. Mit viel China-Style und Liebe zum Detail wurde das *Inn-Shanghai (Weihai Lu 727, www.innshanghai.com)* eingerichtet. Private Innenhöfe machen die Zimmer des Hotels zu etwas Besonderem.

## ▶▶ GEBALLTES DESIGN

### Mode aus dem Hinterhof

Vor wenigen Jahren noch abgewrackte Hinterhöfe, heute Designviertel: Die Gassen rund um die Taikang Lu im Luwan-Viertel sind ein Magnet für Künstler, Designer und deren Stores. Im *Casa Pagoda (Taikang Lu 15, www.casapagoda.com)* shoppt man Wohnaccessoires und Möbel. Diese sind modern und stylish und schmücken mittlerweile angesagte Bars

und Clubs im ganzen Land, verleugnen aber nie ihre chinesische Herkunft. Die Designer von *Jooi (Taikang Lu Lane 210, www.jooi.com,* Foto) haben sich auf die Verarbeitung von edelsten Materialien wie Leder, Kaschmir, Seide und Samt spezialisiert. Daraus entwerfen sie ausgefallene Abendroben und die dazu passenden Taschen sowie Interior-Gegenstände, darunter Kissenbezüge mit großen Blumen- oder Karoprints.

## ▶▶ PROGRESSIV & ANGESAGT

### Contemporary Art

Kommerz ist in Shanghai eine alte Sache, in puncto Kunst startet die Stadt durch. Neben dem etablierten Galerieviertel an der Moganshan Lu avancieren die Lagerhallen nördlich vom Bund im Bezirk Hongkou zum neuen künstlerischen Hotspot. Zu den besten Adressen für Newcomer zählen die Galerien *Dong Daming Art Centre (Dong Daming Lu 713)* und *Aura Gallery (Yangshupu Lu 2361, www.aura-art.com).* Hier stellen zum Beispiel Künstler wie Cao Yingbin aus, der mit seiner progressiven Malerei aufrütteln will. Weitere Namen, die man sich in diesem Zusammenhang unbedingt merken sollte, sind das *Ddmwarehouse (Dong Daming Lu 713, www.ddmwarehouse.org)* und das *Endless International Art Center (Dong Daming Lu 713, 6/F).*

# > PAPAS IM PYJAMA, TÖCHTER IN PRADA

Moden und andere Merkwürdigkeiten aus der neuen Hauptstadt Asiens

## AUSLÄNDER

Nach dem Opiumkrieg 1839–42 erwirkten die Briten, US-Amerikaner und Franzosen Exterritorialrechte für ihre Handelsniederlassungen. Die Ausländer bildeten einen Staat im Staate mit eigener Regierung, Gerichtsbarkeit, Steuerhoheit und eigenen Schutztruppen. Während die Franzosen ihre Konzession durch einen Generalkonsul verwalten ließen, legten Briten und Amerikaner ihre Siedlungen zum „International Settlement" zusammen. Die Stadt mit der modernsten Infrastruktur des Orients zog Menschen aus allen Schichten und Ländern an. Die Sicherheit der Konzessionen machte sie auch zum Zufluchtsort für Chinesen, die vor Rebellion und willkürlicher Herrschaft flohen. 1930 lebten in den Konzessionen etwa 1 Mio. Chinesen und 50 000 Ausländer. Den größten

Bild: Drachen als Dachreiter am Jing'an-Tempel

# STICH WORTE

Anteil stellten die Japaner, gefolgt von den Briten und vielen Russen, die nach der Oktoberrevolution 1917 emigriert waren. Neben Amerikanern und Franzosen lebten rund 2000 Deutsche in Shanghai. 1937 okkupierten die Japaner das Viertel Hongkou, 1941 besetzten sie auch die Internationale Niederlassung und internierten die Angehörigen der alliierten Mächte. 1943 verzichteten die Westmächte auf ihre Rechte. Nach der Machtübernahme der Kommunistischen Partei 1949 mussten die Ausländer die Stadt verlassen. Heute leben ca. 300 000 Ausländer in Shanghai, darunter etwa 7000 Deutsche.

## DRACHEN

Drachen sind in China keine gefürchteten Ungeheuer, sondern beliebte Glückssymbole. Shanghai wird gern als „Drachenkopf am Jangtse" bezeichnet: Das jährliche Wirtschaftswachstum liegt seit Jahren mit über 10 Prozent an der Weltspitze. Rund 10 000 ausländische Firmen unterhalten Niederlassungen in Pudong, darunter auch die Konzerne Volkswagen, Siemens, BASF und Bayer.

## GRÜNE BANDE

Die Untergrundorganisation kontrollierte in den 1920er- und 1930er-Jahren die Lasterhöhlen in Shanghai. Die Gewinne aus Glücksspiel, Zuhälterei und Drogenhandel landeten in den Taschen von Du Yuesheng. Der chinesische Pate befahl vermutlich über 20 000 Mafiosi und mischte auch in der Politik mit: 1927 beteiligte sich die Unterwelt an den brutalen Morden an Kommunisten und aufständischen Arbeitern. Mitglieder der Bande unterwanderten die Polizei. Du Yuesheng erwarb die portugiesische Staatsbürgerschaft und entzog sich so dem Zugriff der chinesischen Behörden. Der Gangster gab sich ehrenwert, investierte in legalen Geschäften und dinierte mit den Wirtschaftsbossen und Bankenchefs. Ein Bankett 1933 endete mit einer Magenverstimmung der Gäste: Drei der geladenen Honoratioren, darunter der französische Generalkonsul, starben später an einer Vergiftung. Du pflegte im Alter die Wohltätigkeit und starb 1951 in Hongkong als Millionär.

## JÜDISCHE FLÜCHTLINGE

Während der Naziherrschaft flohen rund 20 000 deutsche und europäische Juden nach Shanghai. Die Stadt war der einzige Ort auf der Welt, der jüdische Flüchtlinge auch ohne Pass und Visum aufnahm. Die ersten Ankömmlinge konnten in den 1930er-Jahren noch eine neue Existenz aufbauen. Alle ab 1938 eingereisten „staatenlosen Personen" wurden von den Japanern 1943 interniert und in ein Ghetto nördlich des Huangpu gesperrt. Zur Untätigkeit verdammt, hungerten sie sich durch die letzten Kriegsjahre. Nach der Kapitulation der Japaner 1945 verließen die Überlebenden das Land. Viele gingen in die USA, darunter der spätere amerikanische Finanzminister Michael Blumenthal, heute Leiter des Jüdischen Museums Berlin. Eine Ausstellung in der 1907 von russischen Juden errichteten Ohel-Moishe-Synagoge erinnert an diese Zeit.

## OPIUM

Ende des 18. Jhs. kamen die Engländer auf die Idee, billiges Opium aus Indien illegal nach China einzuführen und aus den Gewinnen ihre Teeimporte zu bezahlen. Die starke Nachfrage nach Opium ließ das gewerblich hoch entwickelte, reiche Land finanziell ausbluten, und die Drogensucht demoralisierte die Gesellschaft. Als ein kaiserlicher Beamter in Kanton britisches Opium vernichten ließ, nahm England dies als Kriegsgrund (Opiumkrieg 1839–42). Nach der Niederlage musste China Hongkong abtreten, Shanghai und weitere Häfen dem Freihandel öffnen sowie den Ausländern in ihren Handelsniederlassungen Privilegien einräumen. Viele der „ersten Familien"

Shanghais gründeten ihren Reichtum auf den Opiumschmuggel. Die Kommunisten setzten dem Treiben 1949 ein vorläufiges Ende. Der Untergrund von heute, die chinesischen Triaden, setzt auf veredeltes Opium: Heroin.

## SHANGHAI GIRLS

Shanghais Frauen sind schick. Die älteren, weil sie die Freiheit genießen, statt Stoffschuhen Pumps zu tragen. Die jungen, weil sie dank des

Stadtentwicklung ohne Grenzen – Pudong ist ultramodern

## PYJAMA

Ein chinesischer Pyjama hat stets Taschen, für Portemonnaie und Hausschlüssel. Denn man trägt ihn nicht nur zum Schlafengehen, sondern auch als luftige Freizeitkleidung zum abendlichen Einkaufsbummel. Herren im gestreiften Schlafanzug sind ein interessanter, Damen im Babydoll natürlich der nettere Anblick. Die modebewusste Jugend verabscheut diese altväterische Sitte, die deshalb vom Aussterben bedroht ist.

Kleidermarkts in gefälschte Designerklamotten von Gucci, Prada und Chanel schlüpfen können. Das Investment in effektvolle Fähnchen ist wichtig für Frauen, denen es als ein erstrebenswertes Ziel erscheint, einen reichen Mann zu heiraten. Besonders begehrt sind Ausländer, die grundsätzlich als wohlhabend gelten – deshalb können sich männliche Touristen beim abendlichen Kneipenbummel vor den zahlreichen „Buy me a drink!"-Avancen kaum retten.

# FRÜHLINGSFEST UND KULTUREVENTS

Bunte Feste zu jeder Jahreszeit

> In Shanghai blinken die Weihnachtsmänner bis zum Frühlingsfest. Egal, ob traditionelle oder neue Sitten, es wird gefeiert, wann immer es einen Grund zum Dekorieren und Konsumieren gibt. Im Herbst und Winter veranstaltet die Stadt zahlreiche Festivals und Kulturevents.

### NATIONALE FEIERTAGE

**1. Jan.** *Neujahr;* **Frühlingsfest:** *Chinesisch-Neujahr sowie der Tag davor und der Tag danach;* **Qingming-Fest:** *in Schaltjahren und dem Jahr danach am 4., sonst am 5. April;* **1. Mai** *Tag der Arbeit;* **Drachenbootfest** *und* **Mittherbstfest:** *s. „Traditionelle Feste";* **1. Okt.** *Nationalfeiertag sowie zwei Tage danach*

### TRADITIONELLE FESTE

Der chinesische Mondkalender bestimmt die Daten, sie variieren von Jahr zu Jahr.

#### Frühlingsfest (Chunjie)

Zum chinesischen Neujahrsfest ist die Stadt geschmückt, Drachentänze werden aufgeführt, und viele Läden und Restaurants haben geschlossen. Gefeiert wird im Familienkreis, mit Feuerwerk und Chinaböllern vertreibt man die bösen Geister des alten Jahres. Gelage und Knallerei enden am 15. Tag mit dem *Laternenfest:* In den Parks und im Yuyuan-Basar werden bunte Laternen aufgehängt. (26. Jan. 2009, 24. Feb. 2010)

#### Drachenbootfest (Duanwujie)

Chinesische Drachen sind die Herren über das Wasser, und so war dieses Fest ursprünglich ein Ritual, um Hochwasser zu bannen. Heute feiert man am 5. Tag des 5. Mondmonats den Beamten und Dichter Qu Yuan (332–296 v. Chr.), der sich aus Gram über die politischen Verhältnisse ertränkte. Während des Festes wird in Bambusblätter gewickelter Klebreis, *zongzi,* mit Wonne verspeist. (8. Juni 2008, 28. Mai 2009)

#### Mittherbstfest (Zhongqiujie)

Ehen werden im Himmel geschlossen und auf dem Mond vorbereitet, sagt man in China: Der alte Mann im Mond

*Aktuelle Events weltweit auf www.marcopolo.de/events*

# > EVENTS
# FESTE & MEHR

heißt Yue Lao und führt das große Buch, in dem zukünftige Ehepartner notiert sind. Der Mond leuchtet am 15. Tag des 8. Monats besonders hell und ist besonders rund. Die Familie kommt zusammen, man isst deftige oder süße „Mondkuchen" und – guckt in den Mond. (14. Sept. 2008, 3. Okt. 2009)

## ■ FESTIVALS & SPORT

**Mai**
*Spring International Music Festival:* Traditionelle chinesische und internationale klassische Konzerte mit weltbekannten Musikern

**Juni**
*Film Festival:* mit Ausstellungen, Retrospektiven und Auftritten internationaler Stars und Regisseure. *www.siff.com*

**September/Oktober**
*Tourism Festival:* Folkloristische Umzüge in der grandios illuminierten Stadt
*International Music Fireworks Festival:* Pyrotechniker aus aller Welt zeigen ihre explosive Kunst zu musikalischen Klängen und Lasereffekten

**September–November**
*International Arts Festival:* Musik, Tanz, Theater, Kunst- und Kulturwochen mit der ⭐ *Shanghai Biennale* (alle zwei Jahre, die nächste: 2008; *www.shanghaibiennale.com*) als internationaler Plattform für chinesische Künstler

**Oktober**
*Asian Dragon Boat Race:* internationales Drachenbootrennen auf dem Suzhou Creek
*Formel-1-Autorennen:* in Anting (Jiading District). *www.formel1.net*

**November**
*Shanghai Marathon:* Volkslauf
*Tourism Kite Festival:* Experten lassen Drachen steigen im *Kite Flying Yard* in der Fengxian Bay Tourist Zone
*ATP Tennis Masters Cup* im *Qizhong Stadium* (5500 Yuanjiang Lu, Minhang District). *www.masters-cup.com*

# > WOLKENKRATZER UND BASARGASSEN

Superlative und Kleinode in der Metropole am Jangtse-Delta

**> Wer in Shanghai ankommt, dem verschlägt es erst einmal die Sprache: ein Häusermeer, so weit das Auge reicht.**

Einen ersten Eindruck von der Megacity verschafft man sich am besten aus großer Höhe, von den Aussichtsplattformen des Fernsehturms oder des Jin Mao Building. Eine Autofahrt über die Hochstraße Yan'an Lu lässt tief in Häuserschluchten blicken. Die wichtigsten Sehenswürdigkeiten kann man per Stadtrundfahrt mit dem Sightseeingbus kennenlernen. Ein Museumsbesuch empfiehlt sich auch bei schönem Wetter. Denn uralte chinesische Kunst, die Geschichte der Stadt und ihre Zukunftsvisionen muss man sich einfach anschauen. Die Sehenswürdigkeiten sind in der Regel jeden Tag geöffnet, schließen ihre Tore aber meist schon früh, zwischen 16 und 17 Uhr.

Die Gegensätze dieser Stadt erlebt man aber am besten zu Fuß: Alt und

Bild: Frühsport am Bund, Blick auf Pudong

# SEHENS
# WERTES

Neu, chinesisch und westlich, ländlich und urban, altkommunistisch und kapitalistisch, all dies liegt hier dicht beieinander. Wenn Sie sich einmal verlaufen haben oder die Füße weh tun, springen Sie in ein Taxi. Sorgen brauchen Sie sich auch in den Abendstunden nicht zu machen, denn Shanghai ist eine ziemlich sichere Metropole. Aber Vorsicht: Schon nach wenigen Stunden ist man wie betrunken von den vielen Eindrücken in dieser Stadt, die vor Leben und geballter Energie sprüht. Nüchtern betrachtet und mit Peking verglichen mag es zwar stimmen, was manche sagen: dass es in Shanghai keine großen touristischen Attraktionen gibt. Doch nicht die imperiale Vergangenheit Chinas macht die Stadt sehenswert, sondern die Zukunft, an der hier Tag und Nacht gebaut wird. Die größte Attraktion von Shanghai ist Shanghai selbst.

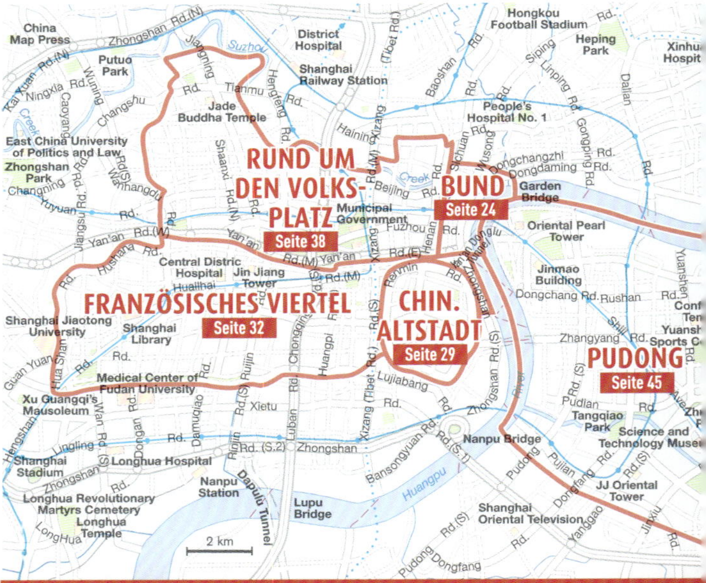


Die Karte zeigt die Einteilung der interessantesten Stadtviertel. Bei jedem Viertel finden Sie eine Detailkarte, in der alle beschriebenen Sehenswürdigkeiten mit einer Nummer verzeichnet sind

# BUND

**> ★ Der angloindische Ausdruck für ein befestigtes Flussufer ist zum Synonym für die imposanteste Uferpromenade im Fernen Osten geworden.** Ihr offizieller Name *Zhongshan Donglu Yiduan,* Sun-Yat-sen-Oststraße Abschnitt 1, wird wenig verwendet. Hier trifft die glorreiche Vergangenheit auf eine verheißungsvolle Zukunft, und die ragt am anderen Ufer auf, in Pudong. Dort steht wie ein marsianisches Raumschiff der Fernsehturm, strahlt das neue Finanz- und Wirtschaftszentrum mit einer modernen Skyline über dem breiten Strom, dem Huangpu.

Diesseits des Flusses zeugen die steinernen Relikte aus der kolonialen Vergangenheit von Macht und Reichtum der Banken und großen Handelshäuser, die hier einst residierten. Von den Kommunisten mit Vernachlässigung gestraft, gehören die Monumente aus Granit heute wieder zu den teuersten Immobilien der Stadt – und stehen unter Denkmalschutz. Abends werden sie wie die Wolkenkratzer gegenüber effektvoll beleuchtet.

Die Uferpromenade wurde 1992 zum Schutz vor Hochwasser höher gelegt und verbreitert. Dabei wurden die schönen Bäume gefällt, die auf alten Fotos zu sehen sind. Heute ist die Flaniermeile von einer Nüchternheit, die von der grandiosen Kulisse profitiert und von den vielen Menschen lebt, die sich dort treffen: morgens die Pensionäre, die in der Bewegung Ruhe und Kraft suchen, tagsüber die kamerabewehrten Touristen auf Stadtsafari und abends elegant gekleidete Shanghaier, die stolz und gelassen auf die staunenden Besucher vom Lande herabblicken. Einen schönen Blick auf den Bund hat man von der Terrasse der *Bar Rouge,* der *Glamour Bar* und der *Captain's Bar.* Die historischen Gebäude der Stadt sind alle mit steinernen Informationstafeln gekennzeichnet.

### ■1 BANK OF CHINA [127 D2]

Der moderne Stil westlicher Prägung wurde 1936 mit Elementen des chinesischen Nationalstils versetzt, und heraus kam der monumentale Bau der Bank of China (BOC). Hier herrschte die Song-Familie, die sich zur Zeit der Herrschaft Chiang Kaisheks (1887–1975) schwer bereicherte. Die BOC wurde 1912 als Staatsbank der Republik gegründet. Ab 1928 operierte sie auch als Außenhandelsbank. 1994 öffnete sich die BOC zu einer staatseigenen Geschäftsbank. *Zhongshan Dong Yilu 23*

### ■2 CUSTOM HOUSE [127 D3]

Im markanten Uhrenturm des Gebäudes von 1927 schlägt „Big Ching". Die Uhr hielt schon im alten Zollamt von 1843 die Erinnerung an die britische Heimat wach und schützte seitdem die Stadt vor Bränden, wie abergläubige Chinesen meinten: weil der

## MARCO POLO HIGHLIGHTS

★ **Bund**
Koloniale Vergangenheit mit Blick auf die Zukunft: die schönste Uferpromenade im Fernen Osten (Seite 24)

★ **Chinesische Altstadt**
Handel und Wandel, Trubel und Gewusel wie aus dem Bilderbuch (Seite 29)

★ **Yu Yuan**
Die uralte, feinsinnige chinesische Kunst der Gartengestaltung in Vollendung (Seite 30)

★ **People's Square**
Das repräsentative Zentrum der Metropole beeindruckt mit hypermodernem Monumentalismus (Seite 38)

★ **Jadebuddhatempel**
Mit seinem reichen Figurenschmuck überstand er die Kulturrevolution (Seite 41)

★ **Shanghai Museum**
Dreitausend Jahre Kunstgeschichte zum Staunen (Seite 43)

★ **Jin Mao Building**
Bei jedem Licht ein magisch schöner Wolkenkratzer (Seite 45)

★ **Oriental Pearl Tower**
Paradebeispiel moderner chinesischer Architektur (Seite 46)

★ **Longhua-Tempel**
Spirituelle Besinnung im kommerziellen Rausch der Stadt (Seite 47)

Feuergott das viertelstündliche Gebimmel als Feueralarm missverstehe und beschlossen habe, keine weiteren Brände zu legen. Das Zollamt brachte China natürlich auch messbare Vorteile: Der Staatshaushalt bezog Anfang des 20. Jhs. etwa ein Drittel seiner Einkünfte aus den Seezöllen. Die unter britischer Leitung stehende Seezollbehörde bediente sich moderner Verwaltungsmethoden, arbeitete effizient und war sichtbarer Ausdruck der Kooperation zwischen dem ausländischen Freihandelsregime und dem chinesischen Staat. *Zhongshan Dong Yilu 13*

### 3 EHEMALIGE HONG KONG AND SHANGHAI BANK [127 D3]

Der gigantische, neoklassizistische Bau von Palmer & Turner fällt mit seiner charakteristischen Kuppel sofort ins Auge. Das seinerzeit zweitgrößte Bankhaus der Welt HSBC war

mit der Finanzierung des Handels so reich geworden, dass es sich 1921 diese protzige Repräsentanz leisten konnte. Von 1949 bis 1995 residierte hier die Stadtregierung, die Stadt wie Gebäude herunterwirtschaftete. Der derzeitige Mieter, die Pudong Development Bank, restaurierte die sehenswerte Halle, deren Decke von 13 m hohen Säulen aus italienischem Marmor getragen wird. Mosaike schmücken die Kuppel über dem Eingang, sie zeigen die damaligen acht Standorte der Bank. *Mo–Fr 9 bis 17.30 Uhr | Zhongshan Dong Yilu 12*

### 4 EHEMALIGER SHANGHAI CLUB [127 D3]

Der 1910 im Stil der englischen Renaissance errichtete Bau mit den zwei durchbrochenen Türmchen auf dem Dach war eine Bastion des britischen Snobismus. An dem mit 33,74 m angeblich längsten Bartre-

Prächtige Promenade am Westufer des Huangpu: der Bund

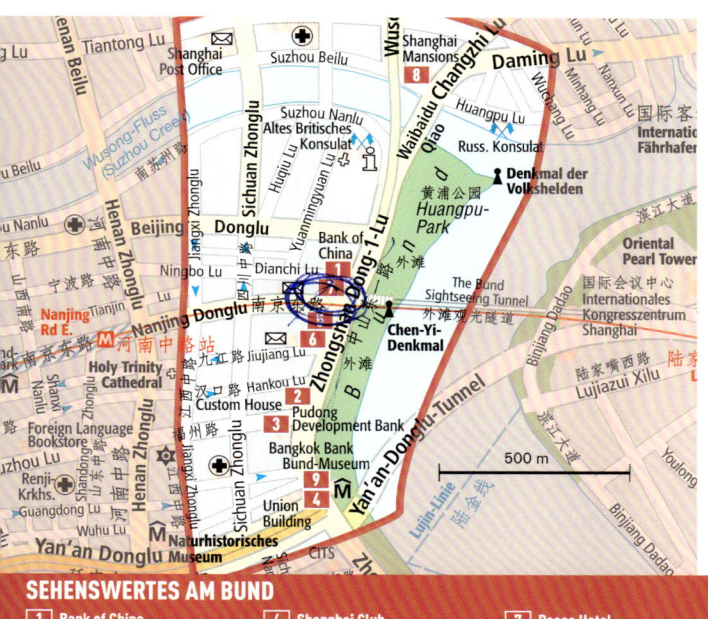

## SEHENSWERTES AM BUND

1. Bank of China
2. Custom House
3. Hongkong and Shanghai Bank
4. Shanghai Club
5. Palace Hotel
6. „Old Lady on the Bund"
7. Peace Hotel
8. Shanghai Mansions
9. Three on the Bund

sen der Welt soffen, qualmten und quatschten die elitären Mitglieder des 1864 gegründeten Shanghai Club. Zwei Zoll Whisky im Magen seien das richtige Quantum, um sich nicht mehr über Schwierigkeiten aufzuregen, wurde Neuankömmlingen geraten. Weil Frauen die männliche Beziehungspflege nur störten, war ihnen der Zutritt verboten. Chinesen sowieso. *Zhongshan Dong Yilu 2*

### 5 EHEMALIGES PALACE HOTEL [127 D2]

Das 1906 entstandene Gebäude, eines der ältesten am Bund, ist an sei-

ner rotweißen Backsteinfassade zu erkennen. Hier wurde 1912 die Ernennung Sun Yat-sens zum ersten, provisorischen Präsidenten der jungen Republik China gefeiert. Heute bildet es den Südflügel des auf der anderen Straßenseite gelegenen Peace Hotels. *Zhongshang Dong Yilu 19, Eingang Nanjing Lu 23*

### 6 „OLD LADY ON THE BUND" [127 D2]

Der schmale Bau war das Heim der ältesten englischsprachigen Zeitung Chinas. Die „North China Daily News", 1864 gegründet, wurde 1951 eingestellt. Die roten Buchstaben

AIA der American International Insurance verschandeln heute das Gebäude, das 1923 im Stil der Neorenaissance errichtet wurde. *Zhongshan Dong Yilu 17*

### 7 PEACE HOTEL [127 D2]

Am Beginn der Nanjing Lu ragt das ehemalige Sassoon House auf, gekrönt von einer 19 m hohen Pyramide aus Kupfer, die abends grün leuchtet. 1928 im Stil der Chicagoer Schule von Palmer & Turner errichtet, beherbergte es einst das luxuriöse Cathay Hotel. Hier stieg die Hautevolee der Welt ab, darunter Stars wie Charlie Chaplin. Der Erbauer, der unermesslich reiche Sir Ellice Victor Sassoon, bewohnte das Penthouse. Die eleganten Frauen des jüdischen Immobilienmagnaten, seine extravaganten Autos und die exaltierten Partys im Nachtclub unter dem Dach sind Legende. Das Foyer des Peace Hotels gilt als Meisterstück des Art déco. Das Hotel ist derzeit geschlossen; bis 2010 wird daran gearbeitet, den alten Glanz wiederherzustellen. *Zhongshang Dong Yilu 20, Haupteingang Nanjing Lu 20*

### 8 SHANGHAI MANSIONS [127 E1]

Das frühere Broadway Mansions am Suzhou Creek bildet den perspektivischen Abschluss im Norden des Bunds und ist ein Symbol der Stadt. Der majestätische, terrassierte Bau aus düsterem Backstein wurde 1934 als Apartmenthaus im Stil der Chicagoer Schule errichtet. Während die Architektur der älteren Kolonialbauten europäische Stile vom Barock über den Klassizismus bis zu Jugendstil und Bauhaus zitiert, reflektieren spätere Bauten wie dieser oder auch das Grosvenor House (auf dem Areal des Jinjiang Hotels) den Einfluss der Amerikaner. *Suzhou Beilu 20*

### 9 THREE ON THE BUND [127 D3]

Das ehemalige Union Building mit dem Portal an der Ecke zur Guangdong Lu ist ein Entwurf von Palmer & Turner aus Hongkong, deren Architektur in den 1920er- und 1930er-Jahren die Stadt geprägt hat. Das berühmte Büro zeichnet seit 1990 wieder für einige der neuen Hochhäuser verantwortlich. Ein reicher Chinese aus Amerika kaufte das heruntergekommene Gebäude im Renaissance-

## >LOW BUDGET

> Die Stadt lernen Sie kennen im *Doppeldeckerbus 911* [126 B4] auf der Strecke Renmin Lu–Huaihai Lu–Hongqiao Lu. Steigen Sie an der Hongqiao Road Station um in die Pearl Line (M 3, Richtung Shanghai Railway Station), und fahren Sie bis zum *Zhongshan-Park,* den Sie kostenlos besuchen können.

> In der *Moganshan Lu* kann man Stunden in den vielen Galerien und Werkstätten verbringen und sich kostenfrei an zeitgenössischer Kunst sattsehen. *M 3 (Pearl Line) Shanghai Railway Station, von dort ist es nur ein Spaziergang oder eine kurze Taxifahrt* [0]

> ☼ Werfen Sie einen Blick auf Shanghai aus dem *38. Stock des Tomorrow Square,* der noblen Lobby des Marriott-Hotels – gratis. *Nanjing Xilu 399 | M 1, M 2 People's Square* [126 A2]

stil aus dem Jahr 1916. Luxusgeschäfte und Gourmettempel schließen eine Marktnische in Sachen Lifestyle: Die neue Oberschicht kann hier nicht nur exklusive Klamotten

im alten Stil neu aufgebaut wurde. Auch sonst findet sich kaum noch Altes in der Altstadt – wer weiß, wann die Abrisstrupps auch typische Gassen wie die *Dajing Lu* [126 B–C 4–5]

Shopping in altem Stil: Ladengasse in der Chinesischen Altstadt

kaufen und edle Speisen goutieren, sondern auch ihren künstlerischen Geschmack kultivieren. In der dritten Etage stellt die *Shanghai Gallery of Arts* zeitgenössische Kunst aus. *Zhongshan Dong Yilu 3*

# CHINESISCHE ALTSTADT

> ⭐ Auf dem Stadtplan springt die Chinesische Altstadt sofort ins Auge: Sie ist begrenzt von einer ringförmigen Straße, die anstelle der 1911 niedergerissenen Stadtmauer angelegt wurde. Hier schlägt das Herz der Stadt – quirliges Treiben herrscht im Basarviertel, das

erreichen. In der *Fangbang Lu* (Old China Street) [126–127 B–D5] gibt es 1001 Souvenirs zu erstehen. Am schönsten ist es hier ==am frühen Abend,== wenn rote Laternen die Straße mit den kleinen Läden beleuchten und in der Ferne die Lichter in den Hochhäusern angehen. *M 8 Dashijie*

**Insider Tipp**

## 1 KONFUZIUSTEMPEL/ WEN MIAO          [126 B6]

Eine Stadt, die Sitz eines kaiserlichen Beamten war, hatte im alten China stets auch einen Konfuziustempel, und der war als staatliche Einrichtung stets repräsentativ – so auch der kürzlich renovierte Shanghaier Tempel von 1855. Vor allem die *Haupthalle* mit ihrem doppeltraufigen, hohen Dach macht einen stattlichen Eindruck. Auf der *Terrasse* davor fanden alljährlich aufwendige Zeremonien zum Geburtstag des Konfuzius statt, finanziert aus der Staatskasse, denn Konfuzius (starb 479 v. Chr.) wurde von Amts wegen als großer Lehrer und Begründer der Staatsideologie hoch verehrt. Die Halle birgt ein Standbild des Meisters und seiner zwei Lieblingsschüler. Steinplatten in den Wänden verzeichnen unter anderem den Text seiner „Gespräche" (Lunyu). In den Seitenhallen sind diverse Ausstellungen zur klassischen Kunst und Kultur zu sehen. Auf dem Gelände findet sonntags ein beliebter Büchermarkt statt. *Tgl. 9–16.30 Uhr | Eintritt 10 Yuan | Wenmiao Lu 215 | M 8 Laoximen*

Zickzackbrücke und Teehaus am Yu Yuan

## 2 STADTGOTTTEMPEL/ CHENGHUANG MIAO [127 D5]

Der volkstümliche Tempel für diverse Schutzpatrone bildete mit seinem Vorplatz das eigentliche Zentrum des alten Shanghai. In der Kulturrevolution verwüstet, wurde der Stadtgotttempel in den 1990er-Jahren mit Privatspenden wiederhergerichtet und 2006 saniert. In der ersten Halle sieht man den vergöttlichten Staatsdiener Huo Guang (1. Jh. v. Chr.) nebst Adjutanten und Amtsbütteln, in der Durchgangshalle dahinter folgen die Jahresgötter des chinesischen 60-Jahre-Zyklus. Hier kann jeder dem Gott seines Geburtsjahres opfern und so auf dessen Unterstützung rechnen. Im folgenden Hof stehen rechts weibliche Schutzgottheiten (unter anderem für das Augenlicht der Kinder und für die Seefahrer), während in der linken Seitenhalle der Reichtumsgott, Guan Di als mächtiger Schutzpatron vieler Gewerbe sowie Wenchang als Schutzgott der Literatur verehrt werden. In der letzten Halle ist das Bildnis des rotgesichtigen Stadtgottes zu sehen. Zu den Seiten: seine Frau und seine Eltern. Ein Laden im Tempel führt schöne Kalligrafien. *Tgl. 8.30 bis 16.30 Uhr | Eintritt 10 Yuan | im Nordosten der Altstadt*

## 3 YU YUAN ⭐ [127 D4–5]

Shanghais bedeutendste klassisch-chinesische Sehenswürdigkeit. Den „Garten der Zufriedenheit" legte sich ein hoher Beamter ab 1559 als Ruhesitz an. Die heutigen Gebäude entstanden jedoch erst im 18. und 19. Jh., als der verwilderte Garten von Kaufleuten erworben wurde und

# SEHENSWERTES

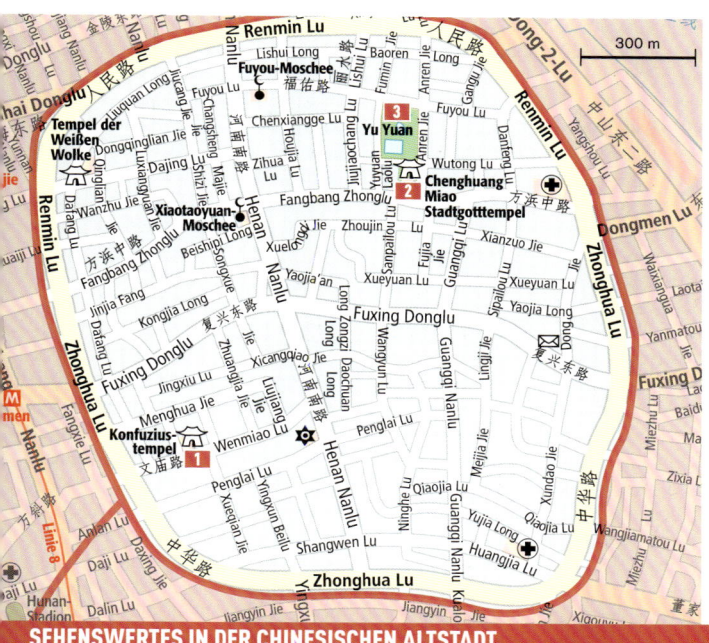

## SEHENSWERTES IN DER CHINESISCHEN ALTSTADT

**1** Konfuziustempel      **2** Stadtgotttempel      **3** Yu Yuan

Kaufmannsgilden hier ihre Versammlungs- und Wohnräume einrichteten. Sie liebten es volkstümlich: Alle figürlichen Darstellungen, die Sie sehen (darunter die berühmte Drachenmauer), sind typisch für den Zeitgeschmack der Kaufleute und für einen Literatengarten an sich unpassend. Dessen grundsätzlicher Charakter wird dadurch aber nicht tangiert. Beachten Sie das Gegeneinander von Felsen und Wasser, das Spiel von Unregelmäßigkeit und Symmetrie, den Formenreichtum der Fenster und die durch Wandelgänge, Mauern, Hallen und Pavillons erzeugte kleinteilige Gliederung, die auf engem Raum eine Fülle abwechslungsreicher Szenerien schafft.

Das Gartenerlebnis beginnt schon vor dem Tor: mit dem Weg über die Zickzackbrücke am *Teehaus Huxinting* vorbei. Der Eingang führt in den westlichsten Gartenteil mit der *Drei-Ähren-Halle*, einst ein Versammlungssaal. Hinter der folgenden Halle stehen Sie vor der berühmtesten Szenerie des Gartens. Hier erhebt sich jenseits eines Goldkarpfen- und Seerosenteiches ein künstliches *Felsgebirge* aus gelben Steinen – das einzige Originalelement aus dem 16. Jh.

Der *Flussblickpavillon* auf seinem Gipfel trug seinen Namen damals zu Recht.

Gehen Sie am Teich vorbei, dann rechts, so kommen Sie zum berühmten *doppelten Wandelgang*. Ein weiteres Schaustück sehen Sie, wenn Sie an den östlichen Gartenteichen entlang bzw. auf Brückchen über sie hinweg nach Süden gehen: Den Hof südlich vor einer dort auf hohem Sockel stehenden Halle zieren drei Steine, deren mittlerer mit dem Namen „Jadepreziose" einer der berühmtesten Gartensteine Chinas ist. Er ist löchrig wie ein riesiger Schwamm. Noch weiter nach Süden gelangen Sie zum „Inneren Garten", der einst zum benachbarten Stadtgotttempel gehörte. Dort blieb eine schön verzierte Theaterbühne erhalten.

Das schönste Erlebnis verschafft Ihnen übrigens Regenwetter. Erstens ist dann das Gedränge geringer, und zweitens wird der Garten dann auch hörbar: im charakteristischen „Plopp", mit dem die Tropfen auf die Blätter der eigens deswegen angepflanzten Bananenstauden fallen. Nach dem Besuch ist eine Rast im Teehaus angesagt. *Tgl. 8.30–17.30 Uhr (Einlass bis 17 Uhr) | Eintritt 30 Yuan | im Nordosten der Altstadt*

# FRANZÖSISCHES VIERTEL

**> Die ehemaligen Ausländerviertel gefallen, weil sie vertraut erscheinen: Hier entstanden um 1900 koloniale Bauten, die an die europäische Heimat erinnern sollten.** Hier lag aber auch das Experimentierfeld von Architekten, die Art déco, rationalen Bauhausstil oder die funktionale Moderne mit östlichen Gestaltungselementen kombinierten und interessante Gebäude schufen.

## > BLOGS & PODCASTS
### Gute Tagebücher und Files im Internet

**>** *www.schanghai.com* – Das Forum der Shanghai-Deutschen, Plattform für Nachrichten, Chat und Downloads.

**>** *www.chinabloglist.org* – Englischsprachige Chinablogs, an die 100 Blogs mit Schwerpunkt Shanghai.

**>** *http://blog.lost-in-asia.de/holiday/shanghai-2006* – Reiseberichte eines Asienreisenden (auf Deutsch) – mit Fotos und Infos zu Shanghai.

**>** *www.saunalahti.fi/juhafani/index.html* – Shanghaier Architektur in poetischen Fotografien eines aufmerksamen und detailverliebten finnischen Beobachters.

**>** *http://home.wangjianshuo.com* – Englischer Blog eines Chinesen mit Schwerpunkt Shanghai und Berichten von Reisen in andere Landesteile, samt Fotos.

**>** *http://german.cri.cn/inet/index.htm* – Chinas Internetradio, deutsch – mit Schlagern und Sprachkurs.

**>** *www.smartshanghai.com/music.php* – Musik zum Downloaden und Infos zur Musikszene Shanghai.

Für den Inhalt der Blogs & Podcasts übernimmt die MARCO POLO Redaktion keine Verantwortung.

Immer angesagt: Bummeln über die Huaihai Zhonglu

Die Hochstraße Yan'an Lu markierte früher als *Avenue Foch* die Grenze zwischen der internationalen Niederlassung und der Französischen Konzession. Die Franzosen lebten südlich dieser Straße und westlich der Chinesenstadt in einem 10 km² großen Areal. Hauptschlagader des Viertels war die *Avenue Joffre*, eine elegante Einkaufsmeile mit Cafés und Boutiquen. Als Huaihai Lu ist die Straße wiederauferstanden, geschmacklos saniert von Geschäftsleuten aus Taiwan und Hongkong – das Pariser Flair ist perdu. In die Kaufhäuser geht der Mittelstand zum Gucken, kaufen können hier nur die Neureichen. Im Französischen Viertel hat der Fortschritt aber noch nicht so große Wunden wie anderswo geschlagen. Hier stehen noch zahllose Apartmenthäuser im Stil des Art déco und in schattigen Alleen verwahrloste Villen, die antiquierten Kolonialcharme verströmen. Sehenswert sind renovierte Herrenhäuser

wie das Hotel *Tai Yuan Villa (Taiyuan Lu 160)* [124 B5] und die opulente Villa, in der sich das *Shanghai Arts & Crafts Museum (Fenyang Lu 79)* [124 C4] befindet.

In dieser Gegend finden sich auch die für Shanghai typischen Reihenhäuser, die Lilongs oder Longtangs. Sie entstanden zwischen 1850 und 1940 vornehmlich für chinesische Angestellte ausländischer Firmen. Schöne Beispiele sind der 1925 im alpinen Stil errichtete *Verdun Garden (Shaanxi Nanlu 39–45)* [125 D3] und die 1930 gebaute *Cité Bourgogne (Jianguo Xilu/Ecke Shaanxi Nanlu)* [125 D6] sowie der im spanischen bzw. rationalen Stil gehaltene *Shangfang Garden (Huaihai Zhonglu, Lane 1285)* [124 B4].

Im Nordwesten des Viertels lädt die *Xinhua Lu* zu einem Spaziergang unter Bäumen ein. Wegen ihrer Schönheit wurde die Straße als Route für Staatsgäste genutzt, 1972 hat man Richard Nixon auf ihr entlangchauf-

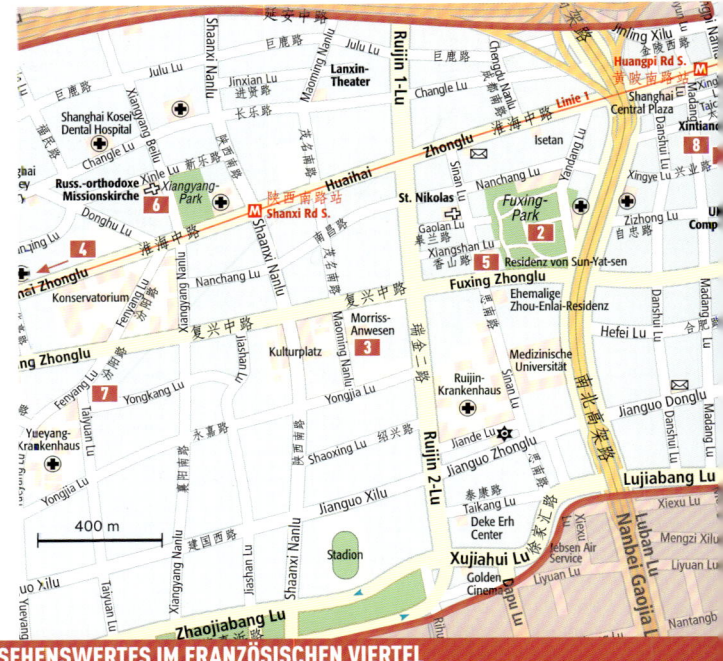

fiert. Heute finden sich hier einige trendige Restaurants, Bars und Boutiquen. Versteckt im Grün liegen Kolonialvillen: Wandern Sie durch die in den 1920er-Jahren hufeisenförmig angelegte Enklave der *Xinhua Villas (Lane 211/329)* [0], und strolchen Sie auch durch die *Lanes 115* und *119,* um Longtangs und architektonische Schönheiten zu entdecken – wer weiß, wie lange das noch möglich ist. *M 1 und Doppeldeckerbus 911 verkehren auf der Huaihai Lu*

### 1 GRÜNDUNGSSTÄTTE DER KOMMUNISTISCHEN PARTEI CHINAS [125 F4]

In einem unscheinbaren Shikumen-Haus (Steintorhaus) trafen sich am 23. Juli 1921 dreizehn junge Chinesen, um die Gründung einer Kommunistischen Partei zu beratschlagen. Das konspirative Treffen flog auf, weil unter den Delegierten ein Verräter saß – ein Mitglied der „Grünen Bande", die sich später an der Niederwerfung des Arbeiteraufstands von

1927 beteiligte. Zu sehen sind Fotos und Dokumente der Gründungsmitglieder und der Konferenzraum. *Xingye Lu 76 | M 1 Huangpi Road South*

**2 FUXING-PARK** [125 E4]

Das morgendliche Treiben in dem 1909 von den Franzosen angelegten Park ist ein Grund, früh aus den Federn zu springen: Eintauchen ins pralle Leben und gute Laune tanken! Abends gehört der Park den Liebespaaren und der Schickeria, die im Lokal *Park 97* diniert und in der Disko *Guandi* tanzt. *Eingänge: Yandang Lu, Gaolan Lu, Fuxing Zhonglu | M 1 Huangpi Road South*

**3 MORRISS-ANWESEN** [125 D5]

Verstreut im *Ruijin-Park* liegen die ab 1920 entstandenen Villen der Familie Morriss. Ihr Patriarch war Besitzer der „North China Daily News", der einst größten englischsprachigen Zeitung Chinas. Der Familie gehörte auch das *Canidrome,* eine Hunderennbahn gegenüber dem hinteren Eingang des Parks. Die Rennen zogen bis zu 50 000 Zuschauer an, und mancher verwettete hier sein letztes Hemd. Die Kommunisten verboten das „dekadente" Vergnügen. Das Haupthaus des Anwesens wurde als Luxusherberge für V.I.P.s wie Madame Mao genutzt und dient heute als Hotel. Man kann es zwar nicht besichtigen, aber in die Hotelhalle hineinschauen. Den Park dekorieren an schönen Tagen aufgerüstete chinesische Bräute und Bräutigame im Frack, die sich vor der romantischen Kulisse ablichten lassen. Sie können

**Männer beim traditionellen Go-Spiel im Fuxing-Park**

ihnen bei einer Tasse Tee auf der Terrasse der Bar *Face* zusehen. Hier trifft sich abends die internationale Businessszene. *Ruijin Erlu 118, Hintereingang Maoming Lu*

**4 RESIDENZ VON SONG QINGLING** [0]

Über die drei reichen und schönen Song-Schwestern sagt man: „Die eine liebte das Geld, die andere die Macht und die dritte ihr Land". Die Letztgenannte war Qingling. Sie heiratete 1915 heimlich den dreißig Jahre älteren Revolutionär Sun Yat-sen. Die älteste Schwester Ailing wählte den reichsten Mann des Landes, den Bankier H. H. Kung. Meiling, die mittlere, kam als Frau des Nationalistenführers Chiang Kai-shek in den Genuss der Macht und starb 2003 in New York, 105 Jahre alt. Song Qingling, deren Werdegang anhand von

Fotos und interessanten Dokumenten im Ausstellungsgebäude auf dem Anwesen verfolgt werden kann, setzte das Werk ihres Mannes nach seinem Tod fort. Die engagierte Menschenrechtlerin wurde von den Kommunisten hoch verehrt und war 1959 bis 1975 stellvertretende Staatspräsidentin. Sie starb 1981. Chiang Kai-shek schenkte ihr 1948 die schmucke, 1920 von einem deutschen Schiffseigner erbaute Villa. Gezeigt wird die originalgetreue Einrichtung. Sehenswert sind auch die Staatskarossen in der Garage und der Garten mit hundertjährigen Kampferbäumen. *Tgl. 9 bis 16 Uhr | Eintritt 8 Yuan | Huaihai Zhonglu 1843 | M 1 Hengshan Road*

**5 RESIDENZ VON SUN YAT-SEN** [125 E4]

Das Haus gibt anhand von Fotos und der Originaleinrichtung einen Ein-

# > BÜCHER & FILME
## Porträts der Glitzerstadt

> **Hotel Shanghai** – Shanghai 1937: Der Stadt der Aufsteiger und Ausgebeuteten, der Glücksritter und Flüchtlinge aus aller Welt hat Vicki Baum mit ihrem Roman Unsterblichkeit verliehen.

> **A Last Look – Western Architecture in Old Shanghai** – Den Mythos Shanghai fängt auch der Bildband von Tess Johnston mit Aufnahmen des Fotografen Deke Erh ein.

> **Tod in Shanghai** – Wie eine Baugrube in Pudong zum Massengrab werden konnte, darüber rätseln ein chinesischer Kommissar und eine amerikanische Pathologin in dem Thriller von Peter May.

> **Mondkuchen und Pflaumenregen** – Eine kulinarische Entdeckungsreise, verfasst vom Gourmet und Krimiautor Qiu Xiaolong und Susanne Hornfeck.

> **Lalala** – Poetisch und schmerzhaft sind die Kurzgeschichten der Autorin Mian Mian.

> **„Wohin gehst Du? Wohin wohl, nach Shanghai!"** – Dem Traum zweier alter Männer aus der Provinz folgt Annette Dittert in dem witzigen und sehr anrührenden Dokumentarfilm.

> **Empire of the Sun** – Steven Spielbergs Film erzählt von der japanischen Invasion 1937 und dem Leiden der Amerikaner in den Internierungslagern.

blick in Leben und Arbeit des Mannes, der als Landesvater verehrt wird. Sun Yat-sen (1866–1925) stand an der Spitze der revolutionären Bewegung, die 1911 das Ende des Kaiserreichs besiegelte. Der politische Visionär rief 1912 die Republik aus, wurde aber nur wenig später aus dem Präsidentenamt verdrängt. Von 1918 bis 1924 lebte er zusammen mit seiner jungen, schönen Frau Song Qingling in der Französischen Konzession. *Tgl. 9–16 Uhr | Eintritt 20 Yuan | Xiangshan Lu 7*

### 6 RUSSISCH-ORTHODOXE MISSIONSKIRCHE [124 C3]

Die 1934 erbaute Kirche mit ihren himmelblauen Zwiebeltürmen gehört zu den schönsten Zeugnissen russischer Kultur in Shanghai. Sie wird derzeit renoviert – nachdem weder Börsen- noch Nachtclubgeschäfte in den heiligen Hallen gut liefen. *Xinle Lu 55 | M 1 Shanxi Road South*

### 7 SHANGHAI ARTS & CRAFTS MUSEUM [124 C4]

Ein Relikt aus kolonialen Zeiten und ein kurioser Ort der sozialistischen Kunstförderung im modernen Shanghai: Das „Weiße Haus", wie die Shanghaier das Schlösschen mit repräsentativer Freitreppe im Stil der französischen Renaissance nennen, versetzt die Besucher in das „goldene Zeitalter". Das Gebäude wurde von Ladislaus Hudec 1905 für den Vorsitzenden des französischen Stadtrates entworfen. Hier wohnte 1950–54 der erste Shanghaier Bürgermeister Chen Yi; sein Denkmal steht am Bund.

Heute kann man hier Künstlern bei der Arbeit zuschauen, wenn sie nicht gerade mittags ihr kollektives Nickerchen halten. Fein gearbeitete Stickereien, leicht skurrile Kunstwerke wie Wurzelholzschnitzereien und inwendig bemalte Parfümfla-

Kunstvolle Seidenstickerei in einer alten Villa: Shanghai Arts & Crafts Museum

schen sind zu bewundern und können bei Gefallen auch gekauft werden. *Tgl. 9–16 Uhr | Eintritt 8 Yuan | Fenyang Lu 79 | M 1 Changshu Road*

### 8 SHIKUMEN OPEN HOUSE MUSEUM [125 F4]

Das kleine, feine Museum in einem Shikumen (Steintorhaus) gibt einen lebendigen Einblick in das Leben einer gutbürgerlichen Familie in der ersten Hälfte des 20. Jhs.: Gezeigt wird eine Wohnung, die liebevoll mit Möbeln und Alltagsgegenständen eingerichtet ist. Anhand von Fotos und Zeichnungen werden die in Shanghai typischen Longtang (Gassenhäuser) beschrieben. Zudem wird die Sanierung und Entstehung des neuen Trendviertels Xintiandi erklärt. In einer ruhigen Teestube kann man sich erfrischen. *So–Do 10.30 bis 22.30 Uhr, Fr, Sa 11–23 Uhr | Eintritt 20 Yuan | Taicang Lu Lane 181 Nr. 25 | M 1 Huangpi Road South*

# RUND UM DEN VOLKSPLATZ

> Im Viertel hinter dem Bund, dem heutigen Stadtteil Huangpu, lag das Internationale Settlement der Briten und Amerikaner. Die 22 km² große Internationale Niederlassung wurde im Norden von Suzhou Creek begrenzt, ging im Osten darüber hinaus und zog sich am Huangpu entlang.

Auf dem ⭐ *People's Square (M 1, M 2 People's Square)*, dem Volksplatz, galoppierten früher die Pferde über die Rennbahn. Heute präsentiert sich hier das moderne Shanghai mit seinem neu geschaffenen Zentrum. Das Volk füttert hier sonntags die Tauben und lässt Drachen steigen. Blickfang ist das Opernhaus des französischen Architekten Jean Marie Charpentier: Das *Grand Theatre* (1998) vereint einen gläsernen Würfel mit einem himmelwärts gebogenen Dach und erstrahlt abends hell erleuchtet in vollem Glanz. Vom strengen Klotz der Stadtregierung daneben etwas ernüchtert, bleibt der Blick an einer Raumstation, wie von Captain Kirk hierhin gebeamt, hängen: Der futuristische

Komplex (1999) entfaltet als ☀️ *Urban Planning Exhibition Hall* seine visionäre Sprengkraft im Inneren. Aus uralten Zeiten holte das chinesische Architektenteam des *Shanghai Museum* seine Inspiration: Der einem archaischen Bronzetopf nachempfundene Bau (1995) beherbergt eine erstklassige Sammlung alter chinesischer Kunst.

Moderne Kunst findet man in der nordwestlichen Ecke des Platzes im ehemaligen Clubgebäude der Rennbahn (1928) mit Uhrenturm und toskanischen Säulen, dem heutigen *Art Museum*. Dahinter stechen die 284 m hohen Spitzen des bedrohlich an eine Rakete erinnernden, 2002 entstandenen *Tomorrow Square* [125 F2] in den Himmel. Verschwindend klein wirkt

# SEHENSWERTES

dagegen das *Park Hotel (Nr. 170, Ecke Huanghe Lu)* [126 A2] ein paar Schritte die Nanjing Lu hinunter: Der aus deutschem Stahl 1934 errichtete erste Wolkenkratzer Shanghais (84 m) war bis in die 1980er-Jahre das höchste Gebäude der Stadt. Er wurde von dem tschechischen Architekten Ladislaus Hudec (1893–1958) entworfen, der in den 1920er- und 1930er-Jahren für einige der bedeutendsten Bauten Shanghais verantwortlich zeichnete, darunter auch für die schräg gegenüber gelegene ehemalige Methodistenkirche, die heutige *Mu'en Church* [126 B2], die durch den *People's Park* (Volkspark) zu erreichen ist. Das Café *Starbucks (Nanjing Xilu 189)* [126 A2] am Park hält einen entspannenden Blick ins Grüne bereit, man kann auf der ruhigen Terrasse sitzen oder in aller Muße die Aussicht vom ☀ Dachgarten genießen.

Damals wie heute war die *Nanjing Lu* die Einkaufsmeile der Stadt. Der *Department Store No. 1 (Nanjing Donglu 830)* [126 B2] residiert als berühmter alter Konsumtempel an der Kreuzung zur Xizang Lu (Tibet Road) und markiert den Beginn der Fußgängerzone. Hier hat sich das Warenangebot vervielfacht und der Strom der Fußgänger verbreitert. Die gesichtslose Modernität der Straße enttäuscht. Die Fassade des 1919 gebauten Kaufhauses *Wing On (Nanjing Donglu 655/Ecke Zhejiang Lu)* [126 B2] wurde kürzlich in ihren Originalzustand zurückversetzt. Am

Von der Galopprennbahn zum Zentrum des modernen Shanghai: People's Square

Abend sorgen die Leuchtreklamen für fotogene Farbigkeit.

In der *Fuzhou Lu* finden Sie Buchläden und Geschäfte für Schreibwaren und Malzubehör, es ist die Straße der Kultur. Im vorkommunistischen Shanghai standen hier die Prostituierten unter den roten Laternen, die Straße war gesäumt von Spielsalons und Opiumhöllen. An der Kreuzung mit der Jiangxi Zhonglu fallen die Zwillingsbauten des *Metropole Hotel* und des *Fuzhou Building* auf: Sie wurden in den 1930er-Jahren vom Architektenbüro Palmer & Turner entworfen und gebaut. Die Gebäude mit dem zentralen Eingangsportal in der konkav zurückgesetzten Front nahmen die Form des *Shanghai Municipal Council Building* von 1919

**1**    Art Museum

**2**    Jadebuddhatempel

Rot bringt Glück: farbenprächtige Grußkarten in der Fuzhou Lu

auf und bilden mit einem Geschäftshaus an der vierten Ecke einen runden Platz. *M 2 Nanjing Road East*

**1 ART MUSEUM**      [126 A3]

Die witzigen Leute aus Bronze, die vor dem ehemaligen Clubhaus der Pferderennbahn herumlungern, machen schon neugierig auf die Sammlung des Kunstmuseums. Auch wenn sie nicht berauschend präsentiert ist: Gezeigt wird ein interessanter Querschnitt der chinesischen modernen und gegenwärtigen Kunst. Ein Saal ist der Shanghaier Schule für traditionelle chinesische Kunst gewidmet. Wechselnde Ausstellungen nationaler und internationaler Künstler.

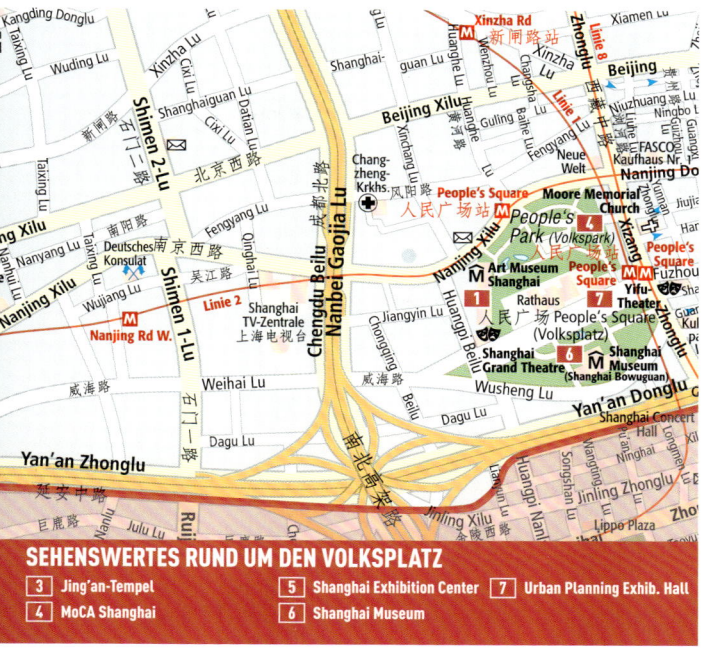

## SEHENSWERTES RUND UM DEN VOLKSPLATZ

**3** Jing'an-Tempel

**4** MoCA Shanghai

**5** Shanghai Exhibition Center

**6** Shanghai Museum

**7** Urban Planning Exhib. Hall

---

*Tgl. 9–17 Uhr (Einlass bis 16 Uhr) | Eintritt 20 Yuan | Nanjing Xilu 325 | www.sh-artmuseum.org.cn | M 1, M 2 People's Square*

**2 JADEBUDDHATEMPEL** ⭐ **[0]**

Sehr alt ist es nicht, Shanghais meistbesuchtes Buddhaheiligtum, aber gut erhalten, voll religiösen Lebens und reich ausgestattet mit Bildwerken. Zwei davon – die schönsten – gaben ihm den Namen und stehen gleichzeitig am Anfang seiner Gründungsgeschichte: Ein chinesischer Mönch brachte die Jadebuddhas um 1880 aus Birma (dem heutigen Myanmar) mit, dazu Geldmittel, die Auslandschinesen für den Bau eines Tempels gespendet hatten. Jener erste Tempel verfiel bald, der heutige entstand an neuer Stelle in den Jahren 1918–28.

Gegenüber einer prächtigen Geistermauer steht die *Eingangshalle* direkt an der Straße. In der Kulturrevolution über die Türflügel geklebte Mao-Bildnisse verhinderten damals die Zerstörung des Tempels: Die Rotgardisten hätten Mao beim Eindringen zerreißen müssen. In der Mitte der Halle (nur von hinten zu betreten) sitzt der lachende Dickbauchbuddha, an den Seiten drohen die furchterregenden Himmelskönige allem Bösen und mahnen Läuterung an. Ihre Attribute sind Schlange und Schirm (Westseite) bzw. Pipa (chinesische

Laute) und Schwert (Ostseite). Auf der Rückseite des Buddha wacht Weituo, der Hüter der Lehre, über das Tempelinnere.

Jenseits eines Hofes mit Weihrauchgefäß folgt die *Haupthalle,* deren Dach verziert ist mit Darstellungen von Ausreise und Heimkehr des Indienpilgers Xuanzang (7. Jh.). Innen sitzen die Drei Kostbaren Buddhas, von links: der Medizinbuddha, Shakyamuni (Gautama) und der Erlöserbuddha Amitabha. An den Seiten reihen sich 20 sogenannte Devas, Schutzgötter. Auf der Rückseite sieht man die Barmherzigkeitsgöttin Guanyin auf der Riesenschildkröte übers Meer fahren; oben ist Gautama Buddha bei seiner Meditation unter dem Bodhi-Baum zu erkennen, unten neben der Guanyin sind die 18 heiligen Mönche (Luohan) dargestellt.

Im Obergeschoss der folgenden Halle sitzt in einem Schrein der größere der zwei birmanischen Jadebuddhas, eine überaus liebliche Darstellung des Shakyamuni. Der kleinere, ein liegender Buddha, ist gemeinsam mit einem neueren und größeren, ebenfalls liegenden Buddha aus Singapur im Erdgeschoss des westlich benachbarten Gebäudes ausgestellt. Beide zeigen Buddha Gautama beim Eintritt in das Nirvana. Beachten Sie auch eine andere Preziose: eine elegant geschwungene, hölzerne Guanyin-Figur, eine ca. 400 Jahre alte Antiquität, die zu Unrecht im Schatten der Jadebuddhas steht. Gehen Sie Richtung Ausgang, so finden Sie in der Seitenhalle des ersten Hofes noch einen etwa ebenso alten, großen Bronzebuddha.

Wollen Sie lebendige Religiosität erleben, dann kommen Sie am Vollmond- oder am Neumondtag: der 1. und der 15. des Mondmonats sind traditionelle Daten für religiöse Feiern und Opfer an die Götter, die Buddhas und Bodhisattvas. *Tgl. 8–17 Uhr | Eintritt 20 Yuan | Anyuan Lu 170*

**3** JING'AN-TEMPEL          [124 B1]
Der „Tempel der Ruhe und des Friedens" (247 n. Chr.), während der Kulturrevolution umfunktioniert zu einer Kunststofffabrik, wurde im 21. Jh. für die Ewigkeit betoniert, kunstvoll

## > PINGPONG HAT TRADITION
### ... aber auch Basketball, Volleyball und Fußball sind in

Die beiden größten Sportstars Chinas kommen aus Shanghai: der Olympiasieger im Hürdenlauf Liu Xiang und der Basketballer Yao Ming. Der *Shanghai Oriental Basketball Club* spielt in der ersten Liga. Auch im Frauen-Volleyball spielen die Shanghaier an der Weltspitze mit. Die Fußballer von *Shanghai Shenhua* spielen in der Chinesischen *Super League,* und die Spiele sind dank

des wilden Fanclubs *Blue Devil* ein Erlebnis. Diese Sportarten sind noch nicht tief verwurzelt in China, die Zuschauer sind jung. Nur Tischtennis hat Tradition: Hier herrscht beste Stimmung, wenn ganze Familien begeistert mitgehen. Schließlich kommen die meisten Weltklassespieler aus China! *Ankündigungen in allen Stadtmagazinen (s. Kapitel „Praktische Hinweise")*

Lebendiger Glaube in der hypermodernen Stadt: Zeremonie im Jadebuddhatempel

mit Holzschnitzereien verziert und üppig vergoldet. Die hier zelebrierten Umzüge trommelnder Mönche, im Schlepptau Gläubige mit dem Ohr am Handy, zeigen geschäftige Kontemplation „made in Shanghai". *Tgl. 7.30–17 Uhr | Eintritt 10 Yuan (zu Vollmond und Neumond frei) | Nanjing Xilu 1686 | M2 Jing'an Temple*

### 4 MOCA SHANGHAI　　　[126 A2]

Das MoCA (Museum of Contemporary Art) zeigt zeitgenössische Kunst und modernes Design aus China im internationalen Kontext. Im nicht ganz billigen italienischen ☀ *MoCa Caffée* auf dem Dach des kleinen funkelnden Glaspalastes genießt man die Ruhe über allen Wipfeln und den Blick auf den People's Square. *Fr bis Mi 10–18, Do bis 22 Uhr | Eintritt 20 Yuan | Nanjing Xilu 231 (im People's Park) | www.mocashanghai.org | M 1, M 2 People's Square*

### 5 SHANGHAI EXHIBITION CENTER　　　[124 C2]

Der protzige Bau von 1955 im stalinistischen Zuckerbäckerstil sollte die chinesisch-russische Freundschaft zementieren. Diese ging schon wenige Jahre später in die Brüche. Der rote Stern strahlt heute über gut besuchten Immobilienmessen. Wenn viele schwarze Limousinen vor dem Eingang in der Nanjing Lu parken, tagt der Volkskongress. *Nanjing Xilu 1333 | M 2 Jing'an Temple*

### 6 SHANGHAI MUSEUM ⭐　　　[126 A3]

Chinas derzeit bestes Museum für klassische chinesische Kunst, ein echtes Glanzlicht. Es vereint lauter Vorteile: wunderbare Exponate, hervorragende Präsentation und eine informative Audioführung, die sogar auf Deutsch erhältlich ist. Das Museum wurde 1952 gegründet, das heutige Gebäude eröffnete 1996. Ein

42 | 43

Muss sind die Abteilungen für frühchinesische Bronzen (1. Etage), für Keramik und Porzellan (2. Etage) und für Jadeobjekte (4. Etage).

Die Porzellan- und die Jadeabteilung enthalten nicht nur erstklassige Stücke – magisch faszinierend: Jadeobjekte des Altertums –, sondern füh-

**Insider Tipp**

Rasten können Sie in einem Teeraum auf der 1. Etage. Eine besondere Freude ist der reich bestückte Museumsshop mit hervorragenden Repliken und der besten Kunstbuchabteilung ganz Chinas. *Tgl. 9–17 Uhr (Einlass bis 16 Uhr) | Eintritt 20 Yuan | Audioführung 40 Yuan (un-*

Augenschmaus: feinstes Porzellan im Shanghai Museum

ren auch den Stil- und Geschmackswandel im Laufe der Jahrtausende vor Augen. Danach wäre die 3. Etage mit Tuschebildern und Kalligrafien an der Reihe. Zu sehen sind ferner Skulpturen (meist Grabbeigaben und buddhistische Kunst, 1. Etage), Siegel (3. Etage) sowie Kunst der „nationalen Minderheiten", Möbel und Münzen (4. Etage). Auf der 2. Etage finden zudem Sonderausstellungen statt.

*ter Hinterlegung eines Passes oder von 400 Yuan) | Renmin Dadao 201 | www.shanghaimuseum.net | M 1, M 2 People's Square*

**7 URBAN PLANNING EXHIBITION HALL** [126 A3]

Nach dem Besuch des futuristischen Stadtplanungsmuseums gibt es keinen Zweifel mehr: Shanghai rüstet sich zum Aufstieg als führende Weltmetropole. Wenn nur die Rüschengardinen im obersten Geschoss nicht wären … Vielversprechende Modelle zeigen die städtebaulichen Planungen für die Expo 2010. Hightechpropaganda glorifiziert, wenn sie nicht gerade klemmt, den Masterplan für die Zukunft. Und ein gigantisches Stadtmodell stellt jedes neue Hochhaus, jede neue Straße dar – damit die Bürger sehen können, was aus ihrem Viertel Schönes werden wird. Fotos zeugen von der alten Zeit, die im Untergeschoss museal wiederbelebt wird. *Mo–Do 9–16 Uhr, Fr–So 9–17 Uhr | Eintritt 30 Yuan, Sonderausstellungen extra | Renmin Dadao 100 | www.supec.org | M 1, M 2 People's Square*

# PUDONG

**> Der Fluss Huangpu teilt Shanghai in das westlich gelegene Puxi und das östliche Pudong. Anfang der 1990er-Jahre standen hier noch die Bauern in den Reisfeldern.** Wo damals Lagerschuppen, verrottete Hafenanlagen und heruntergekommene Wohnblocks das Auge beleidigten, ragen heute Wolkenkratzer in den Himmel: Marmor, Glas und Stahl glänzen in der Sonne. Über 10 000 ausländische Firmen haben sich hier in den letzten Jahren niedergelassen, im Freihandelshafen Waigaoqiao [0] oder im Finanzdistrikt Lujiazui, dessen neue Börse an den Grande Arche de la Défense in Paris erinnert. Breite Straßen wie die *Century Avenue (Shiji Dadao)* [127 F3–4] assoziieren amerikanischen Wohlstand, der futuristische *Century Park* [0] ist eine Ode an den Fortschritt. *M 2 Century Park*

**1** **JIN MAO BUILDING** ⭐ 🌿 [127 F4]
Das Juwel unter den Glas- und Stahlpalästen spielt mit der Formensprache einer chinesischen Pagode. Elegant und luftig gegliedert, beherbergt es auf 88 Stockwerken neben Büros auch das derzeit höchstgelegene Hotel der Welt. Im 56. Stock öffnet sich das Gebäude innen zu einem schwungvoll in die Höhe steigenden Atrium. Der 421 m hohe, zurzeit zweithöchste Turm Chinas wurde von dem amerikanischen Team Skidmore, Owing & Merrill entworfen und gilt als herausragendes Beispiel einer gelungenen Symbiose west-

# > EXPO 2010
## Der Countdown für die Weltausstellung läuft

Shanghai erschafft sich neu, und dabei bleibt kein Stein auf dem anderen. Ganze Stadtviertel wurden schon abgerissen und Tausende Bewohner umgesiedelt. Shanghai wird hypermodern umgestaltet getreu dem Motto „Eine bessere Stadt, ein besseres Leben". Zentrum der Veränderung wird ein über 5 km² großes Gebiet am Huangpu zwischen Nanpu- und Lupu-Brücke sein. Alte Fabrikanlagen und Wohnsilos weichen einem Architekturtraum, an dem acht internationale Designbüros stricken. Trillerpfeifende Polizisten haben unterdessen ein noch größeres Projekt in Angriff genommen: den Shanghaier Bürgern Benimm im Straßenverkehr beizubringen! *www.expo2010china.com*

# PUDONG

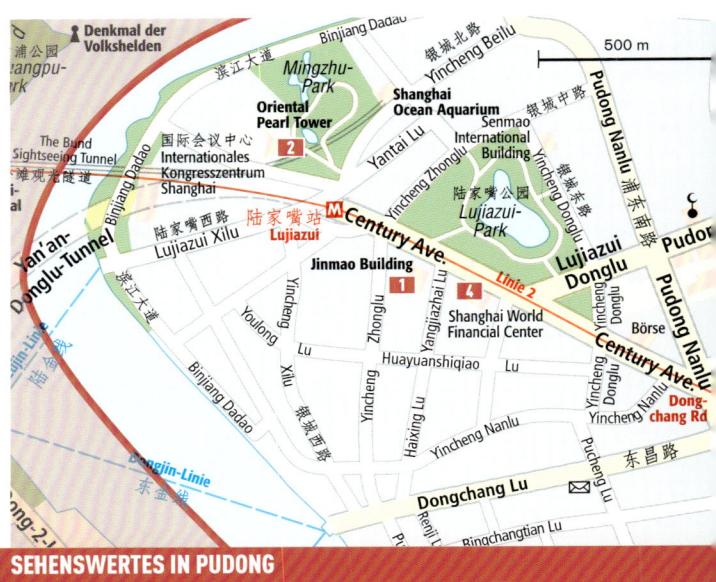

## SEHENSWERTES IN PUDONG

**1** Jin Mao Building     **2** Oriental Pearl Tower     **3** Science and Technology Museu

**4** Shanghai World Financial Center

licher und östlicher Architektur. Statt 70 Yuan für die Aussichtsplattform im 88. Stock auszugeben, können Sie sich auch einen Kaffee im *Grand Café* im 54. Stock oder einen Drink in der Bar *Cloud 9 (Mo–Fr 18–1 Uhr, Sa, So 12–1 Uhr)* im 87. Stock genehmigen. *Century Avenue (Shiji Dadao) 88 | M 2 Lujiazui*

Aussichtsplattform der 468 m hohen „Perle des Orients" hat man bei klarer Sicht einen überwältigenden Blick auf die Metropole, im Sockel des Fernsehturms ist die Geschichte der Stadt dargestellt. *Tgl. 8.30 bis 21.30 Uhr | Eintritt 120 Yuan (bis zur Spitze) | Century Avenue (Shiji Dadao) 1 | M 2 Lujiazui*

## **2** ORIENTAL PEARL TOWER ⭐ ❄ [127 F3]

Das kitschig-schöne Wahrzeichen der Stadt: rosarot wie die erhoffte Zukunft und abends kunterbunt illuminiert. Die Perlen symbolisieren Reinheit – ein frommer Wunsch im korruptionsgeplagten China. Von der

## **3** SCIENCE AND TECHNOLOGY MUSEUM [0]

Vor dem Eingang des Century Park erhebt sich die imposante Glasfassade des 2001 eröffneten Museums für Naturwissenschaft und Technik. Ein 3-D-Kino, das 30 Yuan extra kostet, gehört zu den Attraktionen, ebenso wie der Saal mit physikalischen Experimenten. Die Exponate und Experimente sprechen Kinder aller Altersstufen an. Erwachsenen gefällt vielleicht das Tropenhaus mit plastischen Rieseninsekten – Geschmackssache! Außerdem befindet sich in dem Gebäudekomplex ein Imax-Kino. *Di–So 9–17 Uhr (Einlass bis 15.30 Uhr) | Eintritt 60 Yuan | Century Avenue (Shiji Dadao) 2000 | www.sstm.org.cn | M 2 Science and Technology Museum*

### ▪ SHANGHAI WORLD FINANCIAL CENTER [127 F4]

Vis-a-vis vom Jin Mao Building ist 2008 das mit 492 m und 101 Stockwerken höchste Gebäude Chinas fertiggestellt worden. Das World Financial Center soll Shanghais Ruf als Finanzmetropole festigen. Zunächst aber führten Finanznöte des japanischen Bauträgers zu einem Baustopp. Der ursprüngliche Entwurf mit einem runden Durchguck im oberen Teil des Baus erboste zudem die Chinesen, erinnerte er doch an die japanische Flagge, die die Bauherren über Pudong aufziehen wollten, wie man argwöhnte. Nun ist das Loch wie ein Trapez geformt worden, als Tribut an die Harmonie der Völker. *Beim Jin Mao Building | M 2 Lujiazui*

# WEITERE ZIELE

### LONGHUA-TEMPEL ★ [0]

Die wohl schönste Tempelanlage in Shanghai. Vor dem Haupttor steht eine anmutige Pagode aus dem Jahr 977. Der vermutlich im 3. Jh. n. Chr. gegründete Tempel, der im 15. und 19. Jh. neu aufgebaut und 2003 reno-

Elegante Pagode mit 88 Stockwerken: das 421 m hohe Jin Mao Building

viert wurde, war während der Kulturrevolution geschlossen. Keine der ursprünglichen Statuen hat die Zerstö-
rungswut der Roten Garden überlebt.
Trotzdem hat der „Tempel der Dra-

Der *Märtyrerpark* mit dem *Memorial Museum (Park tgl. 6–16.30 Uhr,
Museum tgl. 9–15.15 Uhr | Eintritt
zusammen 5 Yuan, nur Märtyrerpark
1 Yuan)* nebenan bietet das ideologi-

Der buddhistische Longhua-Tempel ist ein beliebtes Ausflugsziel

chenblume" seinen ruhigen Charme
bewahrt. Heute beherbergt er über 80
Mönche, deren monotone Gesänge
zum Klang der Fischmaultrommel
die Luft erfüllen. Steigen Sie für
50 Yuan auf den Glockenturm von
1764 und schlagen Sie die Glocke,
das wird Sie nach buddhistischem
Glauben von Ihren Sorgen befreien.

Wer zur Mittagszeit eintrifft, kann
sich im rechten Seitenflügel mit der **Insider Tipp** guten Nudelsuppe stärken oder das
vegetarische Restaurant *Peony* im an-
grenzenden Longhua-Hotel besuchen.

sche Kontrastprogramm zum Tempel. Skulpturen im Stil des sozialistischen Realismus und eine futuristische Mausoleumspyramide erinnern
an die Opfer des Massakers von
1927. Die Truppen Chiang Kai-sheks
richteten mit Unterstützung der Ge-
schäfts- und Unterwelt Shanghais ein
Massaker an, dem schätzungsweise
5000 streikende Arbeiter und Kommunisten zum Opfer fielen. Darauf-
hin floh die Kommunistische Partei
aus der Stadt und begann, die Macht
nicht über die Mobilisierung des In-

dustrieproletariats, sondern durch die Unterstützung der Bauern zu erobern – was schließlich auch gelang. *Longhua-Tempel tgl. 7–16.30 Uhr | Eintritt 10 Yuan | Longhua Lu 2853 | M 1 Shanghai Indoor Stadium plus Taxi*

## LU-XUN-PARK [123 F1]

Chinesen treffen sich zwischen 6 und 7 Uhr im Park, um dort all das zu tun, was zu Hause in den engen Wohnstuben nicht möglich ist: Sie üben Taijiquan, das elegante Schattenboxen, oder Mulanji, die Gymnastik mit Schwert und Fächer, und tanzen Tango zu Klängen aus dem Kassettenrecorder. Ad-hoc-Chöre schmettern Volkslieder. Später dann hängen die Pensionäre hölzerne Käfige mit Singvögeln in die Bäume und beugen ihre Köpfe über Brettspiele.

Lu Xun (1881–1936), der bekannteste und einflussreichste Schriftsteller des modernen China, verbrachte die letzten Jahre seines Lebens in Shanghai und ist im Lu-Xun-Park begraben. Ein gut gestaltetes *Museum (tgl. 9–17 Uhr | Eintritt 5 Yuan | am Parkeingang zu bezahlen)* mit angeschlossenem kleinem Buchladen gibt Einblick in sein Schaffen. In der Nähe befindet sich auch Lu Xuns ehemaliges *Wohnhaus (Shanyin Lu 9, Lane 132 | ein Stück südöstlich des Parks)* [123 F2].

Geht man vom Haupteingang (Südtor) Richtung Süden, gelangt man auf die autofreie *Duolun Lu* [123 F2–3], deren Antiquitätenläden zum Stöbern einladen. Besuchen Sie unbedingt auch das *Doland Museum of Modern Art (Nr. 27 | Di–So 10 bis 18 Uhr | Eintritt 10 Yuan | www.duolunart.com).* Einen Tee trinken und dabei Filmklassiker aus Shanghai anschauen kann man im *Old Film Café (Nr. 123).* **Insider Tipp** M 3 Hongkou Football Stadium

## OHEL-MOISHE-SYNAGOGE [0]

Eine bemerkenswerte Fotoausstellung in der 1907 von russischen Juden errichten Synagoge erinnert an die Zeit des jüdischen Ghettos. Auf jüdischen Spuren wandern **Insider Tipp** können Sie mit dem Fotografen Dvir Bar-Gal *(halbtägige Touren in englischer Sprache tgl. ab 9.30 Uhr ab Peace Hotel | 400 Yuan | Tel. mobil 130 02 14 67 02 | www.shanghai-jews.com). Tgl. 9–16 Uhr | Eintritt 50 Yuan | Changyang Lu 62 (Nähe Zoushan Lu) | M 4 Dalian Road*

## XUJIAHUI-KATHEDRALE [0]

In China etwas Besonderes: Die größte katholische Kirche im Fernen Osten wurde 1910 im Stil der französischen Gotik errichtet und zeugt von der Missonstätigkeit der Jesuiten. Sie ist dem Schutzpatron St. Ignatius gewidmet. Der Backsteinbau mit zwei Glockentürmen hat schöne Wasserspeier und ist innen hell und schlicht ausgestattet. *Sa, So 13–16.30 Uhr | Puxi Lu 158 | M 1 Xujiahui*

In der Nähe der Kathedrale liegen *Grab und Gedenkstätte von Xu Guangqi (1562–1633)* im gleichnamigen *Park (Di–So 9–16 Uhr | Nandan Lu 16).* Der chinesische Gelehrte, der mit einer großen steinernen Büste geehrt wird, war ein Schüler des jesuitischen Missionars Matteo Ricci (1552–1610) und arbeitete mit dem berühmten Astronomen Adam Schall von Bell (1591–1666) zusammen.

# > SHANGHAI WIRD ZUM SCHLEMMERLAND

Chinesische und internationale Küchen wetteifern
um die Gunst des Publikums

> In Shanghai ist Essengehen eine der größten Attraktionen. Denn hier, im Schmelztiegel der Nation, kann man Spezialitäten aus so gut wie jeder Provinz Chinas genießen.

Im kalten Norden wird rustikal, kalorien- und knoblauchreich gekocht. Nicht nur die wilden Reitervölker der Steppe prägten die Peking-Küche, soncern auch die kaiserlichen Köche: Sie kreierten die weltberühmte Pekingente. Im warmen Süden wird alles so leicht und fein zubereitet, dass die kantonesische Küche vielen als die beste im Lande gilt – eine Spezialität sind die gefüllten Teigtaschen *dim sum*. Im Westen wird es dann scharf: In Sichuan liebt man den Pfeffer und die Würze des roten Chilis. Gern versammelt man sich um den Feuertopf, eine Art Fondue.

In der Shanghai-Küche bestimmen von jeher Reis, Fisch und Meeresfrüchte sowie allerlei Süßwasser-

Bild: Restaurant Bi Feng Tang

# ESSEN & TRINKEN

getier aus dem wasserreichen Hinterland den Speiseplan. Huhn und Ente fehlen natürlich auch nicht. Die Gerichte werden mit viel Öl, Sojasoße und Reiswein zubereitet, oft auch süßsauer angerichtet. Weil die Winter empfindlich kalt sein können, müssen kalorienreiche Speisen von innen wärmen. So kommt es, dass schwere Soßen angerührt werden, viel paniert und frittiert wird und eine warme Suppe zum guten Schluss kommt.

Als erfrischendes, leicht bitteres Getränk bietet sich grüner Tee an. Im Sommer und Herbst ist frisch gepresster Melonensaft *(xigua)* jeder Limonade vorzuziehen. Natürlich gibt es auch Alkoholisches: Das leichte Tsingtao-Bier kommt aus der berühmten, von Deutschen gegründeten Brauerei in Qingdao. Chinesischer Wein schmeckt auch nicht schlecht, und der Maotai-Schnaps ist nicht zu unterschätzen.

Ein chinesischer Gastgeber wird auftischen, was die Küche zu bieten hat, um Sie mit seiner Großzügigkeit zu beeindrucken. Bei einem Bankett werden stets mehrere Gänge aufgetragen. Reis wird erst am Ende des Essens gereicht. Die deutsche Sitte, alles aufzuessen, um zu zeigen, wie gut es schmeckt, wird in China als Zeichen verstanden, dass Sie nicht satt geworden sind, und den Gastgeber beschämen. Lassen Sie also immer einen Anstandshappen übrig.

einfach auf zu trinken, bevor Sie vom Stuhl kippen. In China zahlt die Zeche übrigens immer nur einer: Wenn Sie nicht eingeladen werden, erwartet man das von Ihnen als reichem Ausländer.

Erfrischend und gesellschaftsfähig: grüner Tee in traditionellem Ambiente

Trinken, ohne einander zuzuprosten, ist nicht üblich. Nach einem Toast auf seinen Gast wird der Gastgeber mit *ganbei* zum Leeren des Glases auffordern. Er wird aber dafür sorgen, dass Ihr Glas nicht leer wird, sondern ständig überläuft. Hören Sie

Wer jemals gesehen hat, wie eine chinesische Tischgesellschaft ausgelassen feiert, der glaubt an den Sieg der großen proletarischen Revolution. Zumindest, was die „bourgeoisen" Tischsitten betrifft – sie scheinen in China ausgerottet zu sein. Da wird geschlürft, geschmatzt, gerülpst und gespuckt, zielsicher neben den eigenen Teller. Der Tisch verwandelt sich in kürzester Zeit in einen Abfallhaufen: In China wird das Fleisch nicht schon in der Küche vom Knochen gelöst, sondern mitsamt Knochen, Haut und Sehnen mundgerecht zerhackt und serviert. Das Sortieren erledigen die Chinesen im Mund, und natürlich gibt es dann viel auszuspucken. Nachahmern bleibt jedoch mangels Übung auch mal das Essen im Hals stecken.

Verlassen Sie sich beim Essen auf der Straße auf ihren Geruchs- und Geschmackssinn: Was gut riecht und gut schmeckt, ist normalerweise auch bekömmlich. Lassen Sie beim geringsten Zweifel auch bereits bestellte Speisen unberührt. Allgemein sollte man bei allem Fettgebackenen vorsichtig sein. Überzeugen Sie sich davon, dass frisches Öl benutzt wird. Gekochte, gebackene oder gedämpfte Speisen kann man meistens ohne Bedenken essen, wenn sie nicht schon lange warm gehalten wurden.

In Shanghai kann man für erstaunlich wenig Geld gut speisen. Lächerlich wenig kostet es in einfachen Lokalen, und die besten Restaurants der Stadt sind, verglichen mit westlichen Metropolen, auch nicht teuer. Viele bieten zudem einen günstigeren Mittagstisch an. Chinesen essen gern früh am Tag: Mittagessen wird zwischen 11 und 14 Uhr, Abendessen ab 17 bis spätestens 21 Uhr serviert. Westliche Lokale haben länger geöffnet, und in den Restaurantmeilen bekommt man immer einen guten Happen.

Wenn im Folgenden eine Telefonnummer angegeben wird, ist eine Tischreservierung unerlässlich.

## ■ RESTAURANTMEILEN ■

### DAGU LU [125 E2]
Viele kleine, internationale Restaurants, ideal zum Lunchen in lockerer Großstadtatmosphäre. Sehr lecker schmeckt es z. B. im israelischen  *HaYa's Mediterranean Café (Nr. 415 | M 1, M 2 People's Square).* **Insider Tipp**

### HENGSHAN LU [124 A–B 4–5]
In dieser Straße finden Sie westlich orientierte Restaurants und Szenekneipen, in denen am frühen Abend viel los ist. *M 1 Hengshan Road*

### HUANGHE LU [126 A2]
Ein Lokal reiht sich an das andere. Zum Angebot zählen solide Küche, Lokalkolorit und die Erfahrung, dass man etwas Gutes zu essen bekommt,

## MARCO POLO HIGHLIGHTS

★ **Club Jin Mao**
Dinner zwischen den Wolken
(Seite 54)

★ **Mimosa Supperclub**
Geschmackliche und stilistische
Avantgarde am Suzhou Creek (Seite 54)

★ **Di Shui Dong**
Solide Hunan-Küche in rustikaler
Bauernstube (Seite 57)

★ **Nanxiang Steamed Buns Restaurant**
Kleine Köstlichkeiten in klassisch-
chinesischem Ambiente (Seite 57)

★ **People 6**
Design zum Staunen, Gerichte zum
Schlemmen (Seite 57)

★ **Element Fresh**
Erfrischend modern: Leichte Kost in
kühlem Rahmen (Seite 59)

auch wenn man kein Wort versteht. *M 1, M 2 People's Square*

### SUPER BRAND MALL ☆ [127 E3]

Im größten Einkaufszentrum Chinas werden die hungrigen Büroangestellter von Pudong in vielen Restaurants und Cafés gefüttert. Verschiedene Preisklassen, teilweise mit Selbstbedienung. Schön sind die Lokale mit Balkon und Aussicht auf den Bund. *Lujiazui Xilu 168 | M 2 Lujiazui*

### YUNNAN LU [126 B3–4]

Hier ist bis spät am Abend Hochbetrieb, wenn die Kaufhausangestellten ihr Nachtmahl einnehmen. *M 1, M 2 People's Square, M 8 Dashijie*

## ■ CAFÉS & TEEHÄUSER ■

### ANTIQUE TEA ROOM [124 C4]

Tee und Antiquitäten, ein grüner Garten und ein lichtes Haus – ein ästhetisches Erlebnis für die Sinne. *Fuxing Zhonglu 1315/Ecke Fenyang Lu*

## > GOURMETTEMPEL
### Spitzenküche und edles Ambiente

### CLUB JIN MAO ★ ☆ [127 F4]

Das Art-déco-Ambiente und die Shanghaier Delikatessen sind überwältigend, und wenn die Spitze des Gebäudes nicht wolkenverhangen ist, bleibt der Besuch im 86. Stock unvergessen. Menü ab 30 Euro. *Century Avenue (Shiji Dadao) 88, Jin Mao Building | Tel. 50 47 12 34 | M 2 Lujiazui*

### LARIS ☆ [127 B3]

Der Australier David Laris ist berühmt für seine kosmopolitischen Kreationen. Wunderbar sind auch das lichte Design in dem alten Versicherungspalast und der Blick auf die Skyline. Menü ab 55 Euro, Lunch ab 13 Euro. *Zhongshan Dong Yilu 3, Three on the Bund, 6/F | Tel. 63 21 99 22 | www.threeonthe bund.com*

### MIMOSA SUPPERCLUB ★ ▶▶ [0]

Im *Pier One* bereitet der deutsche Kochkünstler Stefan Stiller Amuse-Bouche-Menüs zu: exzellent im Geschmack und exzentrisch in der Optik. Extraordinär ist auch die moderne Ausstattung des

Lokals in der alten Art-déco-Brauerei. Menü ab 38 Euro, Lunch ab 24 Euro. Brunch tgl. 10.30–14.30 Uhr. *Yichang Lu 88, am Suzhou Creek | Tel. 51 55 83 18 | www.mimosasupperclub.com*

### SENS & BUND ☆ [127 D2]

Die französische Küche der Gebrüder Pourcel in Chinas erstem *Relais Gourmand* ist ein Fest für die Sinne. Zurückhaltend hell dekoriert und glitzernd ausgeleuchtet, verdient auch das Interieur Applaus. Menü ab 60 Euro, Lunch ab 23 Euro. *Zhongshan Dong Yilu 1, Bund 18, 6/F | Tel. 63 23 98 98 | www.vol group.com.cn*

### SHINTORI NULL II ▶▶ [124 C2]

Der moderne Geschmack der internationalen Elite Shanghais spiegelt sich im puristischen Industriedesign des Edeljapaners. Essen wie im Science-Fiction-Film – nur, dass keine Pillen serviert werden, sondern elegant angerichtete japanische Delikatessen. Menü ab 28 Euro. *Julu Lu 803 | Tel. 54 04 52 52 | M 1 Shanxi Road South*

**CITIZEN CAFÉ** 〰️ [125 D3]

Charmante kleine Cafébar, ein Ruhepol im Klamotten-Shopping-Viertel. *Jinxian Lu 222 | www.citizenshanghai.com | M 1 Shanxi Road South*

**OLD SHANGHAI TEAHOUSE** ☀️ [126 C5]

Das altertümlich eingerichtete Teehaus erinnert an das Shanghai der 1930er-Jahre. Aus den Fenstern des ersten Stockwerks können die Be-

Refugium im Stil der 1930er-Jahre: Old Shanghai Teahouse

**KOMMUNE CAFÉ** ▶▶ 〰️ [125 E6]

Das Café lebt vom Flair des Künstlerviertels – und von den hungrigen Konsumenten seiner leckeren Sandwiches. *Taikang Lu 210 (im Hof)*

**MARRIOTT CAFÉ** ☀️〰️ [126 A2]

Etwas teurer, aber dafür mit grandiosem Blick vom 38. Stock des Tomorrow Square. *Nanjing Xilu 399*

**OLD CHINA HAND
READING ROOM** [125 D5]

Einmalige Mischung aus Bibliothek, Heimatmuseum und Café. Bildbände des Besitzers und Fotografen Deke Erh regen zu weiteren Entdeckungstouren an. *Shaoxing Lu 27*

sucher beim Teeschlürfen in aller Ruhe Handel und Wandel in der Old China Street beobachten. *Fangbang Zhonglu 385*

**STARBUCKS COFFEE** 〰️

Immer gut für einen Cappuccino und einen Snack von acht bis Mitternacht. Fast an jeder Ecke, z. B. an der ☀️ Uferpromenade in Pudong *(Binjiang Dadao)* [127 E4], am Garten Yu Yuan *(Yuyuan Laolu 100)* [127 D5] und im Trendviertel Xintiandi *(Taicang Lu, Lane 169 Nr. 18)* [125 F4].

**VIENNA CAFÉ** [125 D5]

Gugelhupf und Sachertorte: Das Café im Französischen Viertel ist auch ein gemütlicher Ort für den Sonntagsbrunch (10–14 Uhr). *Shaoxing Lu 25, Haus 2 | www.viennashanghai.com*

## ▆▆ CHINESISCHE KÜCHE ▆▆

### 1221 THE DINING ROOM [0]

Hochgelobte, feine und leichte Shanghai-Küche. Schnörkelloses,

kultiviertes Ambiente. *1221 Yan'an Xilu, am Ende einer kleinen Gasse | Tel. 62 13 65 85 | €€*

### BI FENG TANG [124 C1]

Folkloristisch aufgemachte Restaurantkette, witzig, günstig, gut. Köstlich: Maultaschen mit Shrimps und

## > SPEZIALITÄTEN

### *Genießen Sie die typisch Shanghaier Küche!*

*ba bao ya* – gebratene Ente, gefüllt mit den „acht Schätzen" (z. B. Lotossamen, getrocknete Datteln, Schinken, Hühnchenfleisch, Reis, grüne Bohnen)

*baozi* – mit Fleisch gefüllte Dampfnudeln (mit Gemüsefüllung: *caide baozi*)

*dazhaxie* – *big gate crab, hairy crab:* Die Wollhandkrabben aus dem Yangcheng-See westlich von Shanghai gibt's nur von September bis Anfang Dezember. Liebhaber benutzen acht Werkzeuge, um jedes Häppchen zu verspeisen

*doufu* – Tofu oder Bohnenquark: Proteinbombe, getrocknet, frittiert oder in Sojasoße gebraten. Sehr scharf als *mapo doufu* (mit Hackfleisch), sehr gewöhnungsbedürftig als *chou doufu* („stinkender Tofu").

*gongbao jiding* – gewürfeltes Hühnerfleisch mit Chili und Erdnüssen

*hongshao rou* – Schweine- oder Rindfleisch, in schwarzer Sojasoße gekocht und mit gekochten Eiern, Kartoffeln und Gemüse angerichtet

*jiaohuazi ji* – *beggar's chicken:* erst in Lotosblätter gewickelt und dann in Lehm verpackt, wird das „Bettlerhuhn" im offenen Feuer gebacken

*jiaozi* – länglich geformte, mit Fleisch, Frühlingszwiebeln und Gemüse gefüllte Teigtaschen. Sie werden gebraten oder gekocht und am Tisch in ein Schälchen mit Essig, Sojasoße und Chili gestippt

*mantou* – Dampfbrötchen aus Hefeteig ohne Füllung und neutral im Geschmack, werden gern zum Frühstück gegessen (Foto)

*songshu guiyu* – süßsauer angerichteter Mandarinfisch (Süßwasserfisch) mit Pinienkernen

*suanni helan dou* – Zuckerschoten mit Knoblauch

*xiaolong bao* – kleine, mit Schweine- oder Garnelenfleisch gefüllte Teigtaschen. Den köstlichen heißen Sud fängt man mit dem Suppenlöffel auf

*xiazi dawushen* – geschmorte Seegurke mit Krabbeneiern

*yandu xiantang* – Suppe mit frischem Bambus und zweierlei Sorten Fleisch

Suppe mit gerösteter Ente. Hier gibt es **bis 5 Uhr morgens** etwas zu essen! *Nanjing Xilu 1333 | M 2 Jing'an Temple; auch Changle Lu 175 | M 1 Shanxi Road South* [125 E3]; €

### DI SHUI DONG ⭐ [125 D3]
Preiswürdige, authentische Hunan-Küche, liebenswürdig serviert in rustikalem Ambiente. Von erinnerungswürdigem Wohlgeschmack: die Suppe mit Lotossamen! *Maoming Nanlu 56, 2/F | M 1 Shanxi Road South* | €

### GUYI [124 C2]
Scharfe Küche aus Hunan. Siedender Hot Pot bringt Sie richtig ins Schwitzen. Vorsicht, verbrennen Sie sich nicht die Zunge! *Fumin Lu 89* | €

### LOST HEAVEN [0]
Spezialitäten aus Yunnan – inspiriert von der Küche der dortigen Volksgruppen. Ihre Kunst schmückt das schöne Lokal und die intime Bar *The Mask*. Probieren Sie „Huhn nach Art der Dai mit sieben Gewürzen". *Gaoyou Lu 38 (zwischen Fuxing Lu und Hunan Lu) | Tel. 64 33 51 26 | M 1 Changshu Road* | €€

### LÜ BO LANG [127 D5]
Seit die Mächtigen der Welt hier gespeist haben, sind die Preise gestiegen, aber das altchinesische Ambiente und der Blick auf den Yu-Garten machen das wett. *Yuyuan Laolu 115 | Tel. 63 28 06 02* | €€

### MEI LONG ZHEN [125 D1]
Urchinesisch: Schnitzwerk, goldene Drachen und Lampions. Das Essen ist zwar etwas ölig, aber das ist eben echt *shanghainese*, genau wie dieses

Design oder Nichtsein: People 6

in einem alten Stadtpalais untergebrachte Traditionsrestaurant. Spezialität: *dim sum. Nanjing Xilu Lane 1081 Nr. 22 (im Hinterhof, Nähe Jiangning Lu) | Tel. 62 53 53 53 | M 2 Nanjing Road West* | €€

### NANXIANG STEAMED BUNS RESTAURANT ⭐ [127 D5]
Berühmtes Dim-Sum-Restaurant mit Galerie am Teich vor dem Yu Yuan, zu erkennen an der langen Warteschlange vor dem Straßenverkauf. Im 1. Stock liegen die stets vollen Speisesäle. Wer reserviert hat, kann an den Wartenden vorbeiziehen. *Yuyuan Laolu 85 | Tel. 63 55 42 06* | €€

### PEOPLE 6 ⭐
Das Tor öffnet sich erst, wenn man die Hand in den Schlund einer Metallskulptur steckt. Leuchtende

Milchglastreppen führen auf die Galerien im 1. und 2. Stock. Ein Hightechaufzug befördert das Essen, das besser ist, als man in einem so ultramodern gestylten Restaurant erwartet. In der Filiale *People 7* wird der Türcode nur bei Reservierung verraten. *People 6: Yueyang Lu 150 | Tel. 64 66 05 05 | M 1 Hengshan Road* [124 B5]; *People 7: Julu Lu 805 | Tel. 54 04 07 07* [124 C2]; €€

### PIN CHUAN SICHUAN CUISINE [124 B4]

Das beste Sichuan-Restaurant der Stadt. Das „Huhn vom Dorf mit Seeschnecke" und die Tofukrabben sind sehr zu empfehlen. Chilifreunde fin-

den hier ihr Glück, ohne tief in die Tasche langen zu müssen. *Taojiang Lu 47 | Tel. 64 37 93 61 | M 1 Changshu Road* | €€

### SEAGULL SIGHTSEEING RESTAURANT ☕ [127 E2]

Hinter dem Seagull Hotel steigt man hoch zur Terrasse am Fluss: Von hier aus haben Sie einen herrlichen Blick auf die Stadt und auf die Ozeandampfer und Seelenverkäufer auf dem Huangpu. *Huangpu Lu 60* | €

*Insider Tipp*

### YÈ SHANGHAI [126 A5]

Erfinderische Shanghai-Küche mit Blick in steinerne Gassen, oben ist es offen und modern. Geschmorte Garnelen in Chilisoße, frittiertes Rinderfilet mit Pilzen und die Gänseleber sind zu empfehlen. *Huangpi Nanlu 338, Xintiandi | Tel. 63 11 23 23 | M 1 Huangpi Road South* | €€€

### THE YONGFOO ÉLITE [124 A4]

Die Villa ist eine Hommage an Shanghais kosmopolitische Kultur zu Beginn des 20. Jhs.: Dunkles Mahagoni, altes Leder und chinesisches Porzellan glänzen im Licht der Kronleuchter. Traditionelle Shanghai-Küche. Schön für eine nostalgische Teestunde mit Gartenblick. *Yongfu Lu 200 | Tel. 54 66 27 27* | €€€

### ZAO ZI SHU – JUJUBE TREE [126 A4]

Frisch zubereitete Gerichte in spartanisch-moderner Umgebung. Das Publikum steht auf die knusprig gebratenen Pilzstreifen, Taro-Rollen in Kürbissoße oder Sesampfannkuchen. *Songshan Lu 77 (im Hof) | Tel. 63 84 80 00 | M 1 Huangpi Road South* | €

# ESSEN & TRINKEN

## ■ KÜCHE ANDERER LÄNDER ■

### ALWAYS CAFÉ ▶▶ 🔊 [124 B1]

Hier treffen sich junge Chinesen mit Fernweh und Reisende mit Heimweh zu einem reellen westlichen oder asiatischen Lunch für 2,50 Euro, erhältlich bis 5 Uhr nachmittags. *Nanjing Xilu 1528 | M 2 Jing'an Temple* | €

Köstlichkeiten in einer Garküche

### ELEMENT FRESH ⭐ ▶▶ 🔊 [124 C1]

Amerikanisch gesundheitsbewusst, freundlich und schick. Hier treffen sich junge Geschäftsleute zum leichten Lunch. Sonnige Terrasse, sehr gutes Frühstück (ab 7 Uhr), Salate und herrliche Smoothies aus frischen Früchten. *Shanghai Centre, Raum 112, Nanjing Xilu 1376 | M 2 Jing'an Temple; auch: KWah Centre, 4/F |* *Huaihai Zhonglu 1028 | M 1 Shanxi Road South* [124 C3]; *Super Brand Mall 1/F; www.elementfresh.com* | €€

### INDIAN KITCHEN [124 B5]

Frischer Gurkensalat, duftendes Curry und knuspriges Naan-Brot zu günstigen Preisen. *Yongjia Lu 572 | M 1 Hengshan Road* | €

### KATHLEEN'S 5 🌿 [126 A2]

Kontinental speisen mit Blick auf den Volksplatz: Auf der Dachterrasse zeigt die Turmuhr des ehemaligen Clubhauses der Pferderennbahn an, wann es Zeit ist, das Menü für einen Besuch des Grand Theatre nebenan zu unterbrechen. Beim Dessert wird dann über die Aufführung diskutiert. Lunch ab 120 Yuan. *Art Museum, Nanjing Xilu 325 | Tel. 63 27 22 21 | M 1, M 2 People's Square* | €€

Insider Tipp

### PAULANER BRAUHAUS

Wen es nach einem deutschen Tellergericht verlangt, der landet hier. Das selbst gebraute Bier ist unübertroffen gut und teuer, süß sind die chinesischen Kellnerinnen im Dirndl. *Fenyang Lu 150* [124 B4]; *Riverside Promenade Pudong (Binjiang Dadao)* [127 E4]; *Taicang Lu 181 Nr. 19–20, Xintiandi* [125 F4]; €€€

### SIMPLY THAI

Farbenprächtig, aber minimalistisch gestaltet, lockt das Restaurant mit Duft und Geschmack der thailändischen Küche. Göttlich scharf ist die Kokossuppe mit Champignons, Hühnerfleisch und Zitronengras! *Dongping Lu 5C | Tel. 64 45 95 51* [124 B4]; *Madang Lu/Ecke Xingye Lu, Xintiandi | Tel. 63 26 20 88* [125 F4]; €€

# > IM KAUFRAUSCH

Alles, was man eigentlich nicht braucht – und manches,
wovon man schon immer geträumt hat

> **Made in China, das ist ein Garant für
Kitsch, der fast schon Kultstatus hat.
Shanghai ist ein Einkaufsparadies für alle,
die gern billig und bunt einkaufen.**
Doch mit zunehmender Kaufkraft
entsteht hier auch ein neuer Absatz-
markt für hochwertige Produkte, den
internationale Luxuskonzerne er-
obern wollen. Chinesische Hersteller
produzieren zunehmend Waren von
Qualität und überraschen mit innova-
tivem Design: „Made in China" ent-

wickelt sich zum Gütesiegel. Während die eingeführten Luxuswaren
teurer als in Europa sind, lohnt sich
der Kauf chinesischer Waren im mitt-
leren und gehobenen Preissegment,
vor allem bei Sportbekleidung und
-artikeln. Man kann handgefertigte
Kleidung und kunstgewerbliche Arbeiten wie Stickereien, Schnitzereien
oder Schmuck preisgünstig erwerben
und sich den Traum von Kaschmir,
Seide und Perlen erfüllen.

> *www.marcopolo.de/shanghai*

# EIN KAUFEN

In Kaufhäusern und Supermärkten sind die Waren ausgezeichnet: Blaue Preisschilder kennzeichnen Festpreise, gelbe herabgesetzte Waren, und rote Preise sind verhandelbar. Auf Märkten und in einfachen Geschäften gehört das Aushandeln des Preises dazu. Meist bietet man 40 bis 50 Prozent des verlangten Preises, um sich dann auf 60 bis 70 Prozent der ursprünglichen Forderung zu einigen. Im Yuyuan-Basar kann man

sogar bis auf 30 Prozent der erstgenannten Summe herunterhandeln.

Untersuchen Sie die Ware vor dem Kauf auf Fehler. Während Kaufhäuser und Geschäfte Waren gegen Vorlage der Quittung zurücknehmen oder umtauschen, gilt auf den Märkten: Gekauft ist gekauft. Beim Handeln ist es immer gut, ein Vergleichsangebot zu kennen. Bleiben Sie stets freundlich, und zeigen Sie nie zu viel Interesse an einer Ware. Wenn ein

# ANTIQUITÄTEN & TRÖDEL

Händler nicht auf Ihr Preisangebot eingeht, versuchen Sie es beim nächsten. Wenn er aber Ihr Angebot annimmt, gilt der Handel.

Uhren, Jade und Mao-Memorabilien in Buden entlang der Straße. *Dongtai Lu/Ecke Liuhekou Lu | M 1 Huangpi Road South, M 8 Laoximen*

Shoppingtempel im Stadtteil Pudong: die Super Brand Mall

Darum nennen Sie nie einen Preis, den Sie nicht bezahlen wollen. Bedenken Sie aber auch: Nicht jeder Händler steigt zu völlig überhöhten Preisen ein. Und wenn jemand selbst gefertigte Kleinigkeiten für wenige Yuan anbietet, dann sollten Sie nicht handeln.

Wo es was in Shanghai gibt, steht in den englischsprachigen „Yellow Pages", die man in jedem Hotel einsehen kann. Einkaufen kann man jeden Tag von 8 oder 10 Uhr bis 21 Uhr. Staatliche Läden schließen meist schon um 18 Uhr.

## ■ ANTIQUITÄTEN & TRÖDEL ■

### DONGTAI LU ANTIKMARKT ★  [126 A5]

Alte oder künstlich gealterte Keramik, Stickereien, Holzschnitzereien,

### FANGBANG LU ANTIKMARKT  [126 C5]

Das vierstöckige Gebäude beherbergt die Trödlerzunft. Oben unter dem Dach breiten nur am Wochenende die Händler vom Land ihre Schätze aus. Wer früh kommt, Fälschungen erkennen und gut handeln kann, kann hier ein Schnäppchen machen. *Fangbang Lu 457*

## ■ BÜCHER ■

### FOREIGN LANGUAGES BOOKSTORE  [126 C3]

Der Buchladen führt eine große Auswahl an englischen Titeln zu China und Shanghai. *Fuzhou Lu 390*

### GARDEN BOOKS  [125 D3]

Importierte Bücher, Zeitungen und Magazine, Café mit leckerem Eis.

> *www.marcopolo.de/shanghai*

*Changle Lu 325 | www.gardenbooks. cn | M 1 Shanxi Road South*

## ■ GALERIEN ■

### ART SCENE CHINA     [124 A4]
Der Kanadier Sami Wafa stellt zeitgenössische Kunst in einer alten französischen Villa aus. *Fuxing Xilu Lane 37 Nr. 8; Große Ausstellung im „Warehouse" | Moganshan Lu 50 Nr. 4, 2/F (Nähe Hauptbahnhof)* [0]*; www.artscenechina.com*

### M 50 – MOGANSHAN LU ★ ▶▶    [0]
Die neue Künstlergeneration ist wie die alte handwerklich hervorragend ausgebildet, aber frei im Geiste. Das Ergebnis ist eine Eruption künstlerischer Energie, die die Welt erstaunen lässt. In alten Fabriken und Lagerhäusern am Suzhou Creek haben die Künstler Platz und Freiheit zum Experimentieren gefunden, internationale Galerien laden zu Vernissagen ein. Pionier der ersten Stunde war 1996 der Schweizer Lorenz Helbig: Seine *ShanghART Gallery (www. shanghartgallery.com)* residiert heute in *Bldg. 16. Moganshan Lu 50 (Nähe Changhua Lu) | www.m50.com.cn*

### TAIKANG LU ▶▶    [125 E6]
In der einst heruntergekommenen Straße haben Künstler, Galeristen,

Modemacher und Designer Quartier bezogen, hier finden sich schöne Läden, Kneipen und Cafés. Bekannt ist der Fotograf Deke Erh mit seiner *Gallery Space (Lane 210 Nr. 2 | Tel. 64 15 06 75).* Schöne Läden befinden sich auch in der *Lane 116,* z. B. *Shanghai in Love (Nr. 200 Bldg. 3).*

Insider Tipp

## ■ KAUFHÄUSER ■
Große Kaufhäuser mit breit gefächertem chinesischem und ausländischem Sortiment gibt es in der *Nanjing Lu* – z. B. *Department Store No. 1 (Nr. 830 | M 1, M 2 People's Square)* [126 B2] oder das luxuriöse *Plaza 66 (Nr. 1266 | M 2 Nanjing Road West)* [126 B2] –, an der *Huaihai Lu (M 1 | Bus 911)* [124–125 A-F 3–4] und am *Xujiahui (M 1)* [0] sowie in Pudong *(Super Brand Mall | Lujiazui Xilu 168 | M 2 Lujiazui)* [127 E3].

### CYBERMART     [125 F3]
Das Elektronikkaufhaus führt alle großen Marken. Interessant: Digitalkameras, lokale Marken. *Huaihai Zhonglu 282 | M 1 Huangpi Road South*

## ■ KLEIDER, SCHUHE, STOFFE ■
Trendige Klamotten gibt es in den Boutiquen rund um die *Huaihai Lu* [125 D3–4]: in der *Xinle Lu, Shaanxi Nanlu, Maoming Lu* und *Changle Lu.*

# KOSMETIK

Junges, authentisches Fashiondesign sieht man in der *Jinxian Lu,* z. B. bei *Qin Hao (Nr. 158)* oder *Heyan (Nr. 191, Raum 101).* Stoppen Sie das Shoppen für einen Besuch der *Stir Art Gallery (Nr. 172).*

Den *qipao,* das hochgeschlossene, geschlitzte Seidenkleid, und Jacken im tangzeitlichen Stil gibt es in Kaufhäusern, am Yu Yuan oder in der *Maoming Nanlu* [125 D3] (ab Nanchang Lu nordwärts; von dort dann

Shopping in der Maoming Nanlu

links in die *Changle Lu,* bis Shaanxi Lu); die Läden sind teurer, bieten aber besonders schöne Stücke und einen Nähservice an, z. B. *Changle Lu Lane 201. M 1 Shanxi Road South*

## KLEIDERMARKT

Gefälschte Designerkleidung, Lederwaren und Uhren werden unterm Tisch verkauft, außerdem alles, was in China modisch ist, sowie Seidenwaren und Souvenirs. Meiden Sie möglichst das Gedränge am Wochenende. *Kaufhaus Nanjing Xilu 580 | M 1, M 2 People's Square* [126 A2], *Kaufhaus Jinhui Lu 461 (Nähe Wu-*

*zhong Lu)* | *M 3, M 4 Yishan Lu* [0] sowie der unterirdische Markt an der *Metrostation Science and Technology Museum* [0]

## SHANGHAI TANG

Edle, wunderschöne Kleidung und Wohndesign, leider teuer. *Maoming Nanlu 59* [125 D3] *und Taicang Lu Lane 181 Nr. 15, Xintiandi* [126 A5]

## STOFFMARKT                [129 D3]

Stoffe auf drei Etagen und günstige Preise, wenn man gut handeln kann. Fertige Musterstücke erleichtern die Auswahl. Untersuchen Sie die Stoffe auf Fehler. Im Erdgeschoss werden Fertigwaren angeboten. *Lujiabang Lu 399/Nancang Lu | M 4 Nanpu Bridge*

## ■ KOSMETIK

### FRANGIPANI – NAIL BAR     [124 B4]

Souvenir für die weibliche Seele: Freuen Sie sich über ihre lackierten Fingernägel (ab 90 Yuan) und Nagellack in allen Farbschattierungen des Regenbogens. *Fuxing Xilu 76 | M 1 Changshu Road*

## ■ MALEREI- & KALLIGRAFIEBEDARF

Handwerkszeug zum Malen und Zeichnen sowie Kalligrafiebedarf bekommt man in der *Fuzhou Lu,* z.B. im Laden Nr. 331 oder im Schreibwarenkaufhaus (Nr. 355). [126 C3]

## ■ MUSIK

In der *Fenyang Lu* [124 C4] am Konservatorium (Nr. 8) liegen Musikgeschäfte, der *Violin Shop (Nr. 9)* ist spezialisiert auf Geigenbau. Chinesische und westliche Musikinstrumente, auch selbst gebaute, sowie

CDs führt *Musicpavilion (Taikang Lu Lane 200 Nr. 5)* [125 E6]. Aufnahmen berühmter Sängerinnen aus den 1930er-Jahren gibt es im CD-Laden *Fangbang Lu 444* [126 C5].

### ■ OPTIKER

Brillen und Kontaktlinsen sind günstig. Die Ladenketten *Paris Miki* und *American Eyes* finden Sie u.a. im *Grand Gateway (Hongqiao Lu/Ecke Huashan Lu | M 1 Xujiahui)* [0].

### ■ PERLEN & JADE

Jade und Perlen werden im *Yuyuan-Basar* [126 C4] angeboten, z.B. im *Schmuckkaufhaus in der Fuyou Lu 288.* Schönen Silberschmuck führt *Not Just Silver (Taikang Lu, am Ende von Lane 210, Zugang auch über Jianguo Zhonglu)* [125 E6].

## > LOW BUDGET

> *Decathlon Shanghai Factory Outlet Store:* ein französischer Hersteller mit riesigem Angebot an funktionaler Bekleidung, Sport- und Campingartikeln. *Yinxiao Lu 393 | gegenüber M 2 Longyang Road* [0]*; u. a. auch Xianxia Xilu 88 (Nähe Zoo)* [0]

> Handgefertigte Dinge, die in China kaum etwas kosten, aber keine Fabrikprodukte sind: Hübschen Schmuck wie filigrane Perlenketten finden Sie in der *Pearl City,* aber auch im *Yuyuan-Basar.* Ein leichtgewichtiges Souvenir sind handbemalte Papierdrachen. Für ein paar Yuan bei fliegenden Händlern: aus Strohhalmen kunstvoll gearbeitete Anhänger, die Glück bringen sollen und sich auch als Christbaumschmuck eignen.

### HONGQIAO INTERNATIONAL
### PEARL CITY                              [0]

Kostbare Preziosen, modische Kinkerlitzchen und viele Souvenirs. Schräg gegenüber stärkt man sich in der *Hongmei Food Street. Hongmei Lu 3721/Ecke Hongqiao Lu | M 3, M 4 Hongqiao Road*

*Insider Tipp*

**Künstlerbedarf im Yuyuan-Basar**

### ■ SOUVENIRS
### XINTIANDI ★                          [125 F4]

In dem Trendviertel gibt es exklusive Geschäfte mit modernen asiatischen Designerwaren. Vieles ist abgekupfert, manches originär kreativ wie bei *Simply Life (Madang Lu 159, Unit 101)* oder in der *Shanghai Trio Boutique (Taicang Lu 181, Unit 5, Bldg. 1). M 1 Huangpi Road South*

### YUYUAN-BASAR ★    [126–127 C–D 4–5]

Shoppingfreaks lieben das Gedränge und das Feilschen. In der *Chenxiangge Lu* und im *Kaufhaus Fuyou Lu/ Ecke Anren Jie* findet man Kitsch und Kram. In der *Fangbang Lu* geht der Trend hin zur handwerklichen Kunst.

## > DIE NACHT ZUM TAG MACHEN

Shanghais Nachtleben explodiert wie ein Feuerwerk –
strahlend bunt und faszinierend

> **Nachts vibriert diese Stadt. Nur: Wohin
soll man gehen? Auf ein Bier in eine Bar?
Oder sich lieber sehen lassen in einer gla-
mourösen Lounge am Bund?**

Den Finger am Puls des Nachtlebens
haben das Magazin „That's" und
*www.smartshanghai.com.* Das einst
heißeste Pflaster der Stadt, die Maoming Lu, glüht noch immer. In der
Tongren Lu gedeiht die neue Knei-
penszene (z. B.  *Blue Frog, Nr. 86*).
Rund um die Hengshan Lu und im

Fuxing-Park wird immer wilder gefeiert. In der Julu Lu, berüchtigt
wegen der professionell lächelnden
Mädchen, haben schäbige Kneipen
wie das *Goodfellas (Nr. 907)* edel-
puristische Nachbarn wie das *People
7 (Nr. 805)* bekommen.

Biederer geht es in der Nanjing
Xilu zu: Networking nach der Arbeit
ist in der *Long Bar* im *Shanghai Centre (Nr. 1376)* angesagt. Und um die
Ecke im *Malone's (Tongren Lu 257)*

Bild: Maoming Nanlu

# AM ABEND

erholen sich bevorzugt die Amerikaner von ihrem Auslandseinsatz. Das neue Bar- und Restaurantviertel Xintiandi ist der richtige Ort, um im Sommer draußen zu sitzen und die flanierende Menge zu begutachten.

Das Zentrum der Rockmusik liegt zwar in Peking, aber in Shanghai lebt im *House of Blues and Jazz* und im *Cotton Club* der Jazz wieder auf. In den Diskos und Clubs wird überwiegend Mainstream-Rap gemixt, an-

sonsten klingen Disco, House und Rhythm and Blues in den Ohren. International bekannte Rockgruppen, Stars und DJs zieht es nach Shanghai. Und immer mehr Theater und Konzerthallen bieten eine beeindruckende Plattform für Künstler aus aller Welt. Das nächtliche Vergnügen hat in Shanghai seinen Preis. Schlangestehen, Eintrittspreise und hier und dort lausigen Service muss man einfach in Kauf nehmen. Es lohnt sich!

## BARS, CLUBS, PUBS, LIVEMUSIK

### BARBAROSSA LOUNGE [126 A2]

**Insider Tipp**

Tausendundeine Nacht im Volkspark, an lauen Sommerabenden sitzt man wunderschön am See und schmaucht Wasserpfeife. *So–Do 11–2 Uhr, Fr, Sa 11–3 Uhr | Nanjing Xilu 231 | M 1, M 2 People's Square*

### CLOUD 9 ⭐ ☼ [127 F4]

Die 360-Grad-Rundumsicht in der wohl höchstgelegenen Lounge der Welt überzeugt. Extravagante Preise. Lassen Sie einen Tisch am Fenster reservieren. *Mo–Fr 18–1 Uhr, Sa, So 11–1 Uhr | Century Avenue (Shiji Dadao) 88, Jin Mao Building, 87/F | Tel. 50 49 12 34 | M 2 Lujiazui*

Der Ferne Osten swingt im House of Blues and Jazz

### BAR ROUGE ⭐ ▶▶ ☼ [127 D2]

Rote Kronleuchter aus Murano versetzen die Schönen, Reichen und Aufstrebenden der Stadt in Champagnerlaune. Vom Dolce Vita verzaubert, blickt man von der Terrasse heraß auf den großen, dunklen Strom und sieht die Schleppkähne und Dieselkutter ziehen. Also ein Ort für einen unvergesslichen Abend. *Tgl. 20 bis 2 Uhr | Zhongshan Dong Yilu 18, 7/F | www.restro18.com*

### COTTON'S [124 A6]

Romantische Villa in der Französischen Konzession, Restaurant mit Gartenbar. Leckere Pizza! *Tgl. 11 bis 2 Uhr, Sa, So 11–4 Uhr | Anting Lu 132 | www.cottons-shanghai.com | M 1 Hengshan Road*

### EDDY'S ▶▶ [0]

Gute Schwulenbar, anno 1995 die erste in der Stadt. Zieht lokales und ausländisches Publikum von 20 bis 40

Jahren an. Früh am Abend ist es hier am nettesten. *Tgl. 20–2 Uhr | Huaihai Zhonglu 1877 (Nähe Tianping Lu)*

## FACE ⭐ [125 D4]

Die kolonialzeitliche Villa im Park ist ein wunderschöner, viel geliebter Ort: Altes Holz und goldglänzende Götter, Blumen in der Bar und Lampions in den Bäumen sind eine Augenweide, die thailändischen Gerichte im Restaurant *Lan Na Thai* ein Genuss. *Tgl. 12–2 Uhr | Ruijin Erlu 118, Ruijin Hotel Bldg. 4*

## GLAMOUR BAR ▶▶ [127 D3]

Feudale Bar, 1930er-Jahre-Flair, fulminanter Ausblick. Im März findet hier das internationale Shanghaier Literaturfestival statt (englischsprachige Lesungen). *Tgl. ab 17 Uhr | Guangdong Lu 5, 6/F | www.m-restaurantgroup.com | M 2 Nanjing Road East*

## HOUSE OF BLUES AND JAZZ ▶▶ [125 D4]

Club mit Atmosphäre, Shanghais Intellektuelle sind hier zu Hause. Sonntagnacht Jamsession. *Di–So 16 bis 2 Uhr | Maoming Nanlu 158*

## JADE ON 36 [127 E4]

Glamourös-plüschige Restaurantbar mit einer ==Sicht auf den Bund,== die den Herzschlag erhöht: Himmlisch, weil nicht über den Wolken wie im Cloud 9. *So–Do 18–1 Uhr, Fr, Sa 18 bis 2 Uhr | Fucheng Lu 33, Turm 2 des Hotels Pudong Shangri-La, 36/F | www.shangri-la.com | M 2 Lujiazui*

**Insider Tipp**

## MINT [124 C1]

Der expressionistisch geschwungene Bau, 1937 von Ladislaus Hudec entworfen, zählte zu den vornehmsten Residenzen im Fernen Osten. Angesagter Club zum Tanzen (Electronic Pop und House). *Mo–Do 18–2 Uhr, Fr, Sa 21–6 Uhr | Tongren Lu 333, 2/F*

## O'MALLEY'S [124 B4]

Guinnessgarten und Musikkneipe, um Darts zu spielen, Sport zu gucken und am Kamin zu sitzen. *Mo–Sa 11 bis 1.30 Uhr, So 13–1 Uhr | Taojiang Lu 42*

## SASHA'S [124 B4]

Die Villa wurde in den 1920er-Jahren von der mächtigen Song-Familie errichtet, hier lebte Chiang Kai-shek.

# MARCO POLO HIGHLIGHTS

⭐ **Bar Rouge**
Das süße Leben, hoch über dem Fluss (Seite 68)

⭐ **Cloud 9**
Die Metropole zu Füßen (Seite 68)

⭐ **Face**
Koloniales Feeling im Park (Seite 69)

⭐ **ARK Live House**
Rock made in China (Seite 70)

⭐ **Grand Theatre**
Internationale Gastspiele im Lichterpalast (Seite 71)

⭐ **Shanghai Oriental Art Centre**
Musik für Augen und Ohren (Seite 71)

Heute gut für Leute über 30, die ein gepflegtes Bier trinken wollen. Famos im Sommer. *So–Do 11–1 Uhr, Fr, Sa 11–2 Uhr | Dongping Lu 9*

### UPSTAIRS AT PARK 97 [125 E4]
Ganz in Rot: Lounge mit Blick vom Balkon in den Fuxing-Park. Salsamusik. *So–Do 20–2 Uhr, Fr, Sa 20 bis 4 Uhr | Gaolan Lu 2a, 2/F*

### WINDOWS ROADSIDE/WINDOWS TOO
Das *Windows Roadside* ist eine Kneipe für Schüler und Studenten, die hier Hip-Hop hören und billige Drinks schlürfen. Im *Windows Too* wird bis in die Nacht getanzt. *Beide tgl. ab 19 Uhr | Windows Roadside:*

## >LOW BUDGET

> Im Globetrottertreff ☀ *Captain's Bar* lässt sich gut ankern: Zur Happy Hour (Mo–Do 17–20 Uhr) bekommt man zwei Drinks zum Preis von einem. *Tgl. 11–2 Uhr | Fuzhou Lu 37, 6/F | M 2 Nanjing Road East* [127 D3]

> Auch viele andere Bars haben eine Happy Hour (17–19 bzw. 20 Uhr), z. B. *Sasha's* und *Face:* 50 Prozent auf ausgewählte Drinks.

> Konzertreihe *Made in Shanghai:* An großartigen Orten wie dem *Grand Theatre* wird klassische, traditionelle chinesische, Jazz- oder Filmmusik zu kleinen Preisen gespielt. Beliebt sind die Radiokonzerte in der *Shanghai Concert Hall (alle zwei Wochen So 19 Uhr | Tickets 30–50 Yuan)* und die traditionelle chinesische Musik im *Shanghai Oriental Art Center (jeden Sa 14 Uhr | Tickets ab 50 Yuan, Studenten 25 Yuan).*

*Maoming Nanlu 186* [125 D5] *| Windows Too: Nanjing Xilu 1699, Jingan Si Plaza J 104* [124 B2]

## DISKOTHEKEN & TANZLOKALE

### ARK LIVE HOUSE ★ ▶▶ [125 F4]
Plattform für Rockbands aus Shanghai und Peking. Wenn der Sänger der Hausband auftritt, steigen seine weiblichen Fans auf die Tische. *Tgl. 17.30–1 Uhr | Taicang Lu Lane 181 Nr. 15, Xintiandi | M 1 Huangpi Road South*

### ATTICA ▶▶ ☀ [127 D4]
Angesagter Club mit Dachterrassen und Platz zum Schautanzen. *Tgl. ab 17 Uhr, Club Di–Sa ab 21 Uhr | Zhongshan Dong Erlu 15, 11/F | www.attica-shanghai.com*

### CLUB BONBON ▶▶ [124 B4]
Internationale und lokale DJ-Stars mixen für junge Clubber, Hip-Hopper und Beatniks. *Tgl. ab 21 Uhr | Huaihai Zhonglu 1329, Yunhai Tower, 2/F | www.clubbonbon.com | M 1 Changshu Road*

### GUANDI ▶▶ [125 E4]
Topdisko für supercoole Leute aus Hongkong und Taiwan – bei der herrschenden Dunkelheit verrät es der Dialekt. Donnerstags Hip-Hop. *So bis Do 21–3 Uhr, Fr, Sa 20–5 Uhr | Gaolan Lu 2, im Fuxing-Park*

### PARAMOUNT [124 B1]
Der glitzernde Art-déco-Tanzpalast lädt schon nachmittags zum Tanztee ein. Ab 18 Uhr kann man im Restaurant gut speisen. Wer keinen Partner hat, kann sich für 300 Yuan pro

Abend von einem „Taxi Dancer" zu Livemusik übers Parkett schieben lassen. *Tgl. 13.30–17 und 20–1 Uhr | Yuyuan Lu 218 | M 2 Jing'an Temple*

## ■ THEATER, KONZERTE & AKROBATIK

Theater- und Konzertkarten sind an den Abendkassen erhältlich. Je nach Veranstaltung empfiehlt es sich, Tickets im Vorverkauf zu erwerben (Service in vielen Hotels). Veranstaltungshinweise und Karten gibt's unter *www.culture.sh.cn* oder im *Shanghai Cultural Information Centre (Fengxian Lu 272 | Tel. 62 17 24 26 | M 2 Nanjing Road West)* [125 E1]. Für ca. 20 Yuan werden die Karten zugestellt.

### GRAND THEATRE ⭐ [126 A3]
Konzerte, Opern und Ballett: In dem Paradebau geben weltberühmte Ensembles Gastspiele. *Renmin Dadao 300 | Tel. 63 72 87 01 | www.shgthea tre.com | M 1, M 2 People's Square*

### SHANGHAI CENTRE THEATRE [124 C1]
Akrobaten zeigen ihre hochgelobte Kunst. *Tgl. 19.30 Uhr | Eintritt ab 50 Yuan | Nanjing Xilu 1376 | Kartenreservierung Tel. 62 79 86 00*

### SHANGHAI CONCERT HALL [126 A4]
Die Konzerthalle wurde 2004 wiedereröffnet, nachdem man das Artdéco-Gebäude von 1931 um 66 m verschoben und für 18 Mio. US-Dollar renoviert hatte. Die Akustik ist so wundervoll wie die Musik des Shanghai Philharmonic Orchestra. *Eintritt 80–1500 Yuan | Karten 9 bis 19.30 Uhr | Yan'an Donglu 523 | Tel. 63 86 28 36 | www.shanghaiconcert hall.org | M 1, M 2 People's Square*

Schwerelose Körper im Shanghai Centre Theatre

### SHANGHAI ORIENTAL ART CENTRE ⭐ [0]
Überwältigendes architektonisches Meisterwerk des Franzosen Paul Andreu, hypermoderne Technik und superbe Akustik bilden den Rahmen für Aufführungen von Weltrang. *Eintritt 80–480 Yuan | Karten 9.30 bis 19.30 Uhr | Dingxiang Lu 425 | Tel. 64 33 35 74 | www.sh-symphony.com | M 2 Science and Technology Museum*

# > ZEIT ZUM TRÄUMEN

Wohnen über den Wolken oder in einer alten Kolonialvilla –
Sie haben die Wahl

> **Die Luxushotels der Metropole schweben über den fünf Sternen – und sind gnadenlos teuer. Schöne und preiswerte Herbergen muss man dagegen suchen.**
Die Mehrheit der Hotels gehört zur Mittelklasse und stellt Geschäftsreisende zufrieden. Den Hotels aus der Kolonialzeit haftet noch das Flair der „goldenen" 1930er-Jahre an. Zu den interessanten Unterkünften in Shanghai gehören Villen aus der Kolonialzeit, die früher Politikern und Staats-

gästen vorbehalten waren. In den staatlich geführten Hotels hat sich viel zum Guten verändert. Die Bereitschaft der Angestellten zum Lächeln ist jedoch nicht so hoch wie in den internationalen Hotels, und meist hapert es mit den Englischkenntnissen.

Die aufgeführten Hotels wurden nach den regulären Preisen, den sogenannten *rack rates,* für ein Standarddoppelzimmer eingestuft. Die

Bild: Foyer des Grand Hyatt im Jin Mao Building

# ÜBER
# NACHTEN

meisten bieten auch teurere Zimmer an. Das Frühstück ist selten inbegriffen. Hinzu kommt üblicherweise eine 10- bis 15-prozentige *service charge*. Man übernachtet deutlich preisgünstiger, wenn man vorab über ein europäisches oder chinesisches Reisebüro bucht. Das ist auch noch in Shanghai möglich.

Fragen Sie stets nach Rabatten: Je nach Jahreszeit und Belegung bieten die Hotels Preisnachlässe von 20 bis 50 Prozent, meist einschließlich *service charge*. Beschreibungen der Hotels und aktuelle Angebote finden Sie unter *www.sinohotel.com, www.ctrip.com* und *www.shanghai-hotels.com.*

Grundsätzlich gilt: Schauen Sie sich das Zimmer an, bevor Sie einziehen, und verlangen Sie ein besseres zum gleichen Preis, wenn Sie unzufrieden sind. Oft werden erst auf Nachfrage schönere oder ruhigere Zimmer angeboten.

# HOTELS €€€

Moderne Architektur mit kolonialem Charme im Anting Villa Hotel

Die hier genannten Hotels – mit Ausnahme der Budgetherbergen – verfügen über einen Mindeststandard, d. h. klimatisierte Doppelzimmer mit angenehm hart gefederten Queensize-/Kingsize- oder Einzelbetten, eigenem Bad, TV und Telefon mit Direktwahl, Internet/ADSL-Anschluss bzw. WLAN im Zimmer oder im Businesscenter sowie Restaurant, Servicedienste und Fitnesseinrichtungen.

## ■ HOTELS €€€

Diese Fünfsternehotels verwöhnen die Gäste mit Service- und Butlerdiensten, Sporteinrichtungen (Fitnesscenter, Schwimmbad, Tennis, Squash), Wohlfühl- und Schönheitssalons, exklusiven Restaurants, Cafés und Bars. Zum Angebot gehören außerdem Businesscenter, Räume für Konferenzen und Banketts sowie Ballsäle.

### HILTON HOTEL                [124 B2]
Frisch renoviert, 720 elegante Zimmer und Suiten, gute Bar im 38. Stock. Das 3000 m² große Spa Insi Tip wartet mit Schwimmbad, Tennisplätzen und derlei Luxus mehr auf. *Huashan Lu 250 | Tel. 62 48 00 00 | Fax 62 48 38 48 | www.hilton.de/shanghai | M 2 Jing'an Temple*

### OKURA GARDEN HOTEL          [125 D3]
Im französischen Sportclub von 1929 residiert heute ein elegantes japanisches Hotel. In dem Betonklotz dahinter befinden sich 492 luxuriöse, mit hellen Holzmöbeln eingerichtete Räume. *Maoming Nanlu 58 | Tel. 64 15 12 34 | Fax 64 72 88 77 | www.gardenhotelshanghai.com | M 1 Shanxi Road South*

### RADISSON PLAZA XING GUO HOTEL    [0]
Ein elegantes Hotel im Herzen des Französischen Viertels – erholsam ist der alte, große, ruhige Park. Das Haus bietet 190 Zimmer und 40 Suiten und besitzt außerdem ein ausgezeichnetes Schwimmbad. *Xingguo Lu 78 | Tel. 62 12 99 98 | Fax 62 12 99 96 | www.radisson.com/shanghaicn_plaza*

## THE WESTIN ☀ [126 C3]

Die fröhlichste Lobby der Metropole, 570 herrliche Zimmer und ein **hervorragender Sonntagsbrunch**? Ein phantastisches Logis im neuen Grand Tower oder im 198 m hohen Bund Center, jenem Gebäude mit einer Krone, die eigentlich eine Magnolie – die Blume Shanghais – ist. *Henan Zhonglu 88 | Tel. 63 35 18 88 | Fax 63 35 28 88 | www.westin.com | M 2 Nanjing Road East*

## 88 XINTIANDI [126 A5]

Kleines, sehr geschmackvoll im fernöstlich inspirierten Stil eingerichtetes Hotel. 53 Zimmer, teils mit Blick in den Garten. *Huangpi Nanlu 380 | Tel. 53 83 88 33 | Fax 53 83 88 77 | www.88xintiandi.com | M 1 Huangpi Road South*

## ▨ HOTELS €€

### ANTING VILLA HOTEL [124 A5]

Das 2001 errichtete, spanisch angehauchte Hotel hat sympathische, recht ruhige 146 Zimmer, überwiegend mit Blick auf einen Garten, in dem alte Zedern stehen. 40 der Räume liegen in einer Villa – die Suiten dort sind mit Empire-Stilmöbeln eingerichtet. *Anting Lu 46 | Tel. 64 33 11 88 | Fax 64 33 97 26 | M 1 Hengshan Road*

## CITY HOTEL [125 D2]

Außen grau, innen gut: Ausstattung, Service, Preise, Aussicht von den ☀ oberen Stockwerken. 300 Zimmer. *Shaanxi Nanlu 5–7 | Tel. 62 55 11 33 | Fax 62 55 02 11 | M 1 Shanxi Road South*

## JINJIANG HOTEL ☀ [125 D3]

Die georgianische Architektur der in den 1920er-Jahren erbauten ehemaligen Cathay Mansions ist imponierend. Die hohen Räume im nördlichen Grosvenor House sind stilvoll möbliert, aber etwas düster, das südliche Gebäude wurde ansprechend modernisiert. Insgesamt stehen 528 Zimmer zur Verfügung. *Maoming Nanlu 59 | Tel. 62 58 25 82 | Fax 64 72 55 88 | www.jinjianghotelshanghai.com | M 1 Shanxi Road South*

## MASON HOTEL [125 D3]

Das an einer belebten Einkaufsstraße zentral gelegene Hotel hat 120 hell eingerichtete Zimmer im 4. bis 7. Stock, die sich um einen schönen Lichthof gruppieren. Ruhige Zimmer mit Blick nach Süden befinden sich im 6. und 7. Stock. Biergarten auf dem Dach. *Huaihai Zhonglu 935 | Tel. 64 66 20 20 | Fax 64 67 16 93 | www.masonhotel.com | M 1 Shanxi Road South*

# MARCO POLO HIGHLIGHTS

⭐ **Grand Hyatt**
Für alle, die hoch hinaus wollen und noch staunen können (Seite 76)

⭐ **Captain Hostel**
Herberge für Piraten – mit Ausguck auf den Fluss (Seite 77)

⭐ **Heng Shan Moller Villa**
Wohnen in einem Märchenschloss (Seite 78)

⭐ **Old House Inn**
Zu Hause sein in einer alten Gasse, in einem schönen Haus (Seite 79)

# HOTELS €€

**NOVOTEL ATLANTIS** [0]
Komfortables Geschäftshotel im Finanzdistrikt Lujiazui mit  Panoramarestaurant auf dem Dach. 303 Zimmer und 9 Suiten. *Pudong Avenue 728 | Tel. 50 36 66 66 | Fax 50 36 66 77 | www.novotel.com*

**PARK HOTEL**  [126 A2]
Der Art-déco-Wolkenkratzer steht seit 1934 im geografischen Mittelpunkt der Stadt. Die Standardzimmer sind geräumig, aber etwas trostlos. Wählen Sie ein Zimmer mit Blick auf den People's Park. 250 Zimmer. *Nanjing Xilu 170 | Tel. 63 27 52 25 | Fax 63 27 69 58 | www.parkhotel. com.cn | M 1, M 2 People's Square*

**SEAGULL HOTEL**  [127 E2]
An der Mündung des Suzhou Creek in den Huangpu hat man einen <mark>phantastischen Blick</mark> Inside Tip auf die Stadt. 128 komfortabel ausgestattete Zimmer.

## > LUXUSHOTELS
### *Wohnen auf höchstem Niveau*

Ein Nachtlager kostet ab 200 Euro, mit grandioser Aussicht um 400 Euro, die schönste Suite ab 3000 Euro.

**GRAND HYATT** ⭐  [127 F4]
Das Jin Mao Building ist an Eleganz nicht zu übertreffen. Das zweithöchste Hotel der Welt befriedigt höchste Ansprüche: 555 noble Suiten und luxuriöse Zimmer gruppieren sich um ein 115 m hohes Atrium. *Century Avenue (Shiji Dadao) 88 | Tel. 50 49 12 34, Fax 50 49 11 11 | www.shanghai.grand. hyatt.com | M 2 Lujiazui*

**JW MARRIOTT HOTEL**  [126 A2]
60 Stockwerke hoch ist der Wolkenkratzer Tomorrow Square. Im 38. Stock liegen Foyer und Café des Luxushotels. Die 345 Zimmer, Studios und Suiten sind vornehm dunkel möbliert – je höher gelegen, desto luxuriöser. In den Eckzimmern kann man den Ausblick sogar in der Badewanne genießen. *Nanjing Xilu 399 | Tel. 53 59 49 69 | Fax 63 75 55 65 | www.marriott.com | M 1, M 2 People's Square*

**MANSION HOTEL** [124 C3]
Die goldenen 1920er-Jahre zum Leben erweckt: Das hochexklusive Boutiquehotel beheimatete einst den größten Gangsterboss von Shanghai, heute wohnen hier die Superreichen der Welt. Feudale Clubatmosphäre herrscht in der mit Antiquitäten reich bestückten Villa mit ihren 32 aufwendig ausgestatteten Zimmern und Suiten. Herrlich sitzt man in der Lounge *Magnolia,* mit Blick auf die Französische Konzession. *82 Xinle Lu | Tel. 54 03 98 88 | www.chinamansion hotel.com | M 1 Shanxi Road South*

**PUDONG SHANGRI-LA**  [127 E4]
Zur Teatime in den tiefen Sesseln der Hotelhalle versinken, kleine Delikatessen naschen und zu Klavierklängen die Aussicht auf den alten Bund genießen – so schön kann das Leben sein! 606 prachtvoll dekorierte Zimmer und Suiten im *River Wing* und 375 superluxuriöse im neuen *Grand Tower.* *Fucheng Lu 33 | Tel. 68 82 88 88 | Fax 68 82 66 88 | www.shangri- la.com | M 2 Lujiazui*

# ÜBERNACHTEN

*Huangpu Lu 60 | Tel. 63 25 15 00 | Fax 63 24 12 63 | www.seagull-hotel. com*

### XIJIAO GUEST HOUSE  [0]

Die ehemalige Herberge für Staatsgäste wurde opulent, aber kitschig renoviert. 140 Zimmer verteilen sich auf ein unspektakuläres Hauptgebäude und mehrere Villen, die verstreut in einem 80 ha großen Park liegen. Dieser ist im Stil englischer Parklandschaften angelegt, mit Seen und chinesischen Gärten – ein Traum für Shanghaier Verhältnisse. *Hongqiao Lu 1921 | Tel. 62 19 88 00 | Fax 64 33 66 41*

### ■ HOTELS €

### ASTOR HOUSE HOTEL  [127 E1]

In der stilvollsten Unterkunft der Stadt nächtigte schon Albert Einstein: Das berühmte Grandhotel aus dem Jahr 1846 macht wieder was her, ist aber auch nicht mehr ganz so günstig wie früher. 130 Zimmer und drei Suiten wurden generalüberholt, das Personal feilt noch am Service. *Huangpu Lu 15 | Tel. 63 24 63 88 | Fax 63 24 31 79 | www.astorhouse hotel.com*

### BROADWAY MANSIONS HOTEL  [127 E1]

Ein imposanter Bau am nördlichen Bund, 2006 renoviert. 260 Zimmer, **vom 12. bis zum 16. Stock mit Panoramasicht** auf die Stadt und den Fluss. *Suzhou Beilu 20 | Tel. 63 24 62 60 | Fax 63 06 51 47 | www. broadwaymansions.com*

### CAPTAIN HOSTEL ★ ▶▶  [127 D3]

Wie auf einem Schiff schläft man in den zwölf *Sailor-bunk*-Schlafsälen,

Luxuriös vor toller Kulisse: das Shangri La Hotel in Pudong

in Kojen mit Bullaugen (Übernachtung ab 50 Yuan). Die freundliche, helle Herberge bietet auch 20 preisgünstige Einzel- und Doppelzimmer sowie zwei komfortable *Business Cabins* und eine Suite für Kapitäne mit Blick auf den Fluss. Netter, preiswerter und zentraler kann man in Shanghai nicht schlafen. Bar und Dachgarten im 6. Stock mit Blick auf Pudong. *Fuzhou Lu 37 |*

76 | 77

*Tel. 63 23 50 53 | Fax 63 21 93 31 | M 2 Nanjing Road East; in Pudong: Laoshan Donglu 527 (Nähe Zhangyang Lu)* [0] *| Tel. 58 36 59 66 | Fax 58 36 59 56 | M 2 Century Avenue; www.captainhostel.com.cn*

### DONGHU HOTEL                    [124 C3]

Das alte Hotel besticht durch seinen europäisch-chinesischen Architekturstil und die zentrale Lage. Die großen Zimmer mit Südbalkon haben altmodisches Flair. Zum gleichen Preis gibt es neu ausgestattete Zimmer

### HANTING HOTEL                   [125 D5]

Das Hotel punktet durch seine Lage im Französischen Viertel. 104 renovierte Zimmer, auch zur Gartenseite. Sprachkenntnisse sind hier von Vorteil. *Shaanxi Nanlu 233 | Tel. 54 65 66 33 | Fax 54 65 68 33 | M 1 Shanxi Road South*

### HENG SHAN MOLLER VILLA ⭐  [125 D2]

Das Schlösschen im Harry-Potter-Stil wurde 1936 von dem schwedischen Reeder Eric Moller erbaut. Heute birgt die mit Kronleuchtern,

Hier kommen Sie preiswert an Bord: Doppelkajüte im Captain Hostel

ohne Balkon. Preisgünstigere Räume liegen nach Norden. Das neue Hotel schräg gegenüber hat keinen Charme. 300 Zimmer. *Donghu Lu 70 | Tel. 64 15 81 58 | Fax 64 15 71 42 | www.donghuhotel.com | M 1 Shanxi Road South*

Brokatvorhängen und vergoldetem Mobiliar ausgestattete Villa modernen Komfort. Die elf pompösen Suiten, teils mit Gartenblick, gefallen Romantikern. Im Hinterhof liegt ein Neubau mit 34 Zimmern, der sich licht und freundlich präsentiert.

*Shaanxi Nanlu 30 | Tel. 62 47 88 81 | Fax 62 89 10 20 | www.mollervilla. com | M 1 Shanxi Road South*

### OCEAN HOTEL [O]

Bei deutschen Reisegruppen beliebtes Hotel mit 370 schönen Zimmern und gutem Service. Attraktiv: das ❋ Drehrestaurant auf dem Dach mit Panoramablick auf die Metropole. *Dong Daming Lu 1171 | Tel. 65 45 88 88 | Fax 65 45 53 09 | www. oceanhotel-sh.com*

### OLD HOUSE INN ⭐ ▶▶ [124 B2]

Versteckt in einer Gasse liegt dieses entzückende Boutiquehotel: Dunkles Holz und schöne chinesische Möbel zieren die zwölf kleinen Zimmer, die über moderne Badezimmer verfügen. Verlockend ist das Himmelbett in Zimmer Nr. 203! Nebenan frühstückt man im lichten, fröhlichen *Future Perfect (www.afutureperfect. com.cn). Huashan Lu Lane 351 Nr. 16 | Tel. 62 48 61 18 | Fax 62 49 68 69 | M 2 Jing'an Temple | www.oldhouse.cn*

*Insider Tipp*

### RUIJIN HOTEL [125 D4]

Im einstigen Morriss-Anwesen. Romantische Hotelvillen, das Wo-Ying-Haupthaus und das Qi-Si-Gebäude sind reich mit Art-déco-Elementen ausgestattet. Der Glanz der 20 Suiten ist aber verblichen. Preiswertere Zimmer gibt es in den neueren Gebäuden. Im Park liegen Restaurants und Cafés. Sehr schön ist das als *Tai Yuan Villa* bekannte *Marshall House (Taiyuan Lu 160)* mit 61 Zimmern. *Ruijin Erlu 118 | Tel. 64 72 52 22 | Fax 64 73 22 77 | www.shedi.net.cn/out EDI/Ruijin | M 1 Shanxi Road South*

### TIANPING HOTEL [O]

Für die Lage recht günstiges, aber ordentliches Hotel. Es liegt in einer lebendigen Geschäftsstraße, nur wenige Minuten vom Xujiahui-Park und der Metrostation entfernt. Das Haus bietet 181 Zimmer, von denen 26 zur Gartenseite hin liegen. *Tianping Lu 185 | Tel. 54 51 45 67 | Fax 64 37 46 50 | M 1 Xujiahui*

### YANGTZE HOTEL [126 B2]

Angenehmes Mittelklassehotel, 1934 im portugiesischen Kolonialstil erbaut. 184 nette Zimmer, viele mit kleinem Balkon, die meisten renoviert. Zum People's Square und zur Nanjing Lu sind es nur ein paar Schritte. *Hankou Lu 740 | Tel. 63 51 78 80 | Fax 63 51 60 12 | www. yangtzehotel.cn | M 1, M 2 People's Square*

## >LOW BUDGET

> Seit 2004 wachsen überall in Shanghai die *Motels 168* aus dem Boden, inzwischen gibt es mehr als 20. Das Erfolgskonzept: Einfache und kleine, aber saubere Zimmer ab 168 Yuan, poppige Lobbys. In Bahnhofsnähe: *Motel 168 of Anyuan Lu | 388 Zi. | Anyuan Lu 678 | Tel. 62 32 22 28 | Fax 62 32 22 27 | www.motel168.com [O]*

> Das 1929 in chinesischem Stil erbaute *YMCA Hotel* liegt zentral und bietet Schlafsaalbetten ab 115 Yuan und 165 Zimmer ab 490 Yuan. *Xizang Nanlu (Tibet Road South) | Tel. 63 26 10 40 | Fax 63 20 19 57 | M 1, M 2 People's Square | www. ymcahotel.com [126 B3]*

# > HIMMEL AUF ERDEN

Hangzhou und Suzhou bieten klassisch-chinesische
Landschaftsästhetik – mit tieferer Bedeutung

> „Was oben das Himmelreich, sind unten
Suzhou und Hangzhou." Wer in eine dieser
beider traditionsreichen Städte fährt,
wird diese alte Sentenz von jedem chinesischen Reiseleiter vernehmen.

Kein Zweifel: Beide Städte, so ver-
schieden sie sind, lohnen den Besuch
und bieten ein deutlich „chinesische-
res" Chinabild als Shanghai.

Dank guter Zugverbindungen ist
für eine Stippvisite pro Ort zur Not
ein Tag ausreichend – aber wirklich

nur zur Not. Zwei Tage sind besser,
drei nie verkehrt.

# HANGZHOU

**KARTE
AUF SEITE 132**

[130 C5] Hangzhou – das ist der Westsee. Das Gewässer, sagenumwoben,
tausendfach besungen, bedichtet und
gemalt, lockt als Reiseziel schon seit
Jahrhunderten. Selbst Kaiser kamen,

Bild: Garten Zhuozheng Yuan in Suzhou

# HANGZHOU UND SUZHOU

sich der Lieblichkeit des Ortes zu erfreuen. Als Hauptstadt der Südlichen Song-Dynastie (1127–79) erlebte die Stadt ihre größte Blüte. Marco Polo, der bald darauf kam, hielt sie für die schönste der Welt. Mit 4 Mio. Ew. ist Hangzhou heute Hauptstadt der Provinz Zhejiang. 200 km von Shanghai entfernt am Südende des Kaiserkanals gelegen, hat es Teil an der rasanten Entwicklung der unteren Jangtse-Region.

## ◼ SEHENSWERTES ◼

### HEFANG JIE UND WU SHAN [132 C3–4]

Ein Schmucktor führt in die Hefang Jie, eine autofreie Altstadtreplik. Ein buntes Warenangebot und volkstümliche Speiselokale tragen zum gelungenen Ambiente bei. Eine hohe Mauer auf der Südseite verbirgt das schönste historische Anwesen der Stadt: die 1874 gegründete *Apotheke Hu Qingyu Tang* (tgl. 8.30–17 Uhr | Eintritt 10 Yuan | www.hqyt.com).

**Insider Tipp**

Vergoldetes Schnitzwerk ziert die Innenhöfe, in denen Heilpflanzen wachsen, eine Ausstellung informiert über traditionelle Medizin.

Wu Shan heißt der Hügel gleich südlich des Schmucktors. Er ist als Park angelegt. Ihn krönt seit 2000 der ✺ „Stadtgottpavillon" *(Cheng-huang Ge | tgl. 7.30–22 Uhr | Eintritt*

Dicklauchbuddha am Feilai Feng

*30 Yuan),* ein mächtiger, auf „chinesisch" getrimmter Turm mit Aufzug – und bestem Stadt- und Seepanorama. Ein großes Diorama zeigt das Hangzhou des 13./14. Jhs.

### PAGODE LIUHE TA ✺ [132 B5–6]
Die „Pagode der sechsfachen Harmonie" steht auf einer Anhöhe mit Blick über den Qiantang-Fluss und ist außergewöhnlich voluminös. Ihr

Name beschwört eine sechsfache Einigkeit der Mönchsgemeinde. Die knapp 60 m hohe Holzkonstruktion stammt aus dem Jahr 1900, der darin verborgene Backsteinkern ist von 1153. *Tgl. 6–18 Uhr | Eintritt 20 Yuan | Besteigung 10 Yuan | 3 km südlich des Westsees oberhalb der Qiantang-Jiang-Brücke*

### PROVINZMUSEUM [132 B3]
Moderne Bauten im klassischen Stil bergen eine große Vielfalt an schön präsentierten Exponaten, auch mit englischer Beschriftung: archäologische Funde von prähistorischen Kulturen, Keramik, Münzen, Kunsthandwerk, Skulpturen, Malerei und Kalligrafie. *Tgl. 9–16.30 Uhr (Einlass bis 16 Uhr) | Eintritt frei | Insel Gu Shan, Gushan Lu 25*

### SEIDENMUSEUM [132 B4]
Vorn eher ein Kaufhaus, dahinter wird über Geschichte und Technik der Seidenherstellung informiert. Schaustücke: 1000-jährige Seidenstoffe. *Di–So 8.45–16.30 Uhr, Mo 12 bis 16.30 Uhr (Einlass jeweils bis 16 Uhr) | Eintritt frei | Yuhuang Shan Lu 73 (südlich des Sees)*

### TEEMUSEUM [132 A4]
Geschichte und Kultur der Teepflanzung, -verarbeitung und -zubereitung, präsentiert in schönem Rahmen. *Tgl. 8.30–16.30 Uhr | Eintritt 10 Yuan | Longjing Lu, Shuangfeng Cun (südwestlich des Sees)*

### TEMPELKLOSTER LINGYIN SI UND BERG FEILAI FENG ⭐ [132 A3]
Hinter den exotisch klingenden Namen „Tempelkloster der wunderwir-

kenden Weltferne" und „Herüberge-
flogener Gipfel" verbirgt sich ein be-
merkenswertes Ensemble aus Natur
und religiöser Kunst: ein schattiges
Tal mit einem Bächlein, auf der einen
Seite ein Felshang, den alte Skulpturen schmücken, auf der anderen ein
imposanter Buddhatempel.

Ein Plausch am Tempel Lingyin Si

Das Kloster soll 326 von einem indischen Mönch gegründet worden
sein, der fand, die felsige Anhöhe
gegenüber (170 m hoch) sehe aus
wie in ein Berg seiner Heimat – als sei
dieser nach China herübergeflogen.
Später, im 10.–14. Jh., wurden hier
über 300 buddhistische Skulpturen
und Reliefs aus dem Fels geschlagen,
die meisten davon in natürlichen
Höhlen. Berühmteste Figur ist ein
lachender songzeitlicher Dickbauchbuddha nahe dem Kloster.

Von den heutigen Klostergebäu-
den ist keins älter als 140 Jahre. Dies
gilt nicht für die zwei steinernen Su-
trensäulen vorn am Weg – sie wurden
969 geschaffen – und für zwei ram-
ponierte Steinpagoden aus der gleichen Ära im ersten Hof. Die *Halle
der Himmelskönige* zeigt in der Mitte
den heiteren Dickbauchbuddha, auf
seiner Rückseite Weituo, des Glaubens General – prunkvoll ihr gemein-

sames Schreingehäuse –, an den Seiten drohen die Himmelskönige allem
Bösen.

Überwältigend dann die 33 m
hohe *Haupthalle* von 1953. Sie birgt
einen 9 m hohen Shakyamuni-
Buddha, 1956 aus Kampferholz ge-
schnitzt und vergoldet; mit Sockel
und Heiligenschein erreicht das
Kunstwerk fast 20 m Höhe. Die Figuren an den Seiten sind die 20
Schutzgötter des Buddhismus; dahinter folgen die erleuchteten Schü-
ler des Buddha. Auf der Rückseite
stellt eine 20 m hohe Reliefszenerie
die Geschichte des Knaben Shancai
dar, der auf dem Weg zur Buddha-
schaft 53 Lehrer aufsuchte. Im Zentrum steht die Barmherzigkeitsgöttin
Guanyin.

Es folgt die *Halle des Medizinbuddha*. Seine Gestalt ist umgeben
von seinen zwei Helfern und den

zwölf Schutzpatronen der zwölf Doppelstunden des Tages. Die letzten zwei Hallen mit ihrem Figurenschmuck wurden erst kürzlich fertiggestellt. Der Sockel der vorletzten (mit riesigem Granitrelief) birgt die Schatzkammer des Klosters.

Im Grundriss hakenkreuzförmig ist die gewaltige *Halle der 500 Luohan* westlich neben der Halle der Himmelskönige. Die überlebensgroßen Figuren der heiligen Mönche sind die größten derartigen in China – man sieht, wie sehr das Kloster heute prosperiert. *Tgl. 7–17 Uhr | Eintritt Talgebiet 35 Yuan, Kloster zusätzlich 30 Yuan | Busse Y 1 und Y 2 ab Innenstadt bis Endstation*

## WESTSEE ⭐     [132 B–C 3–4]

Aus einer Bucht in der Mündung des Qiantang-Flusses machte eine Nehrung vor etwa 12 000 Jahren einen Süßwassersee – nun der berühmteste ganz Chinas. Weidengesäumte Ufer, Promenaden, Teehäuser, Pagoden, Boote und Bötchen, Inseln, Lotos, sanfte Hügel – das nur rund 1,5 m tiefe, ca. 10 km² große Gewässer bietet zahllose Szenerien und viele Arten, sie zu genießen. Die schönste ist  eine Rundfahrt auf den *Gondeln* für bis zu sechs Personen *(80 Yuan Festpreis pro Stunde)*. Alternativen sind

Ruder- und Motorboote. Unternehmen Sie Ihren Törn lieber ==am späteren Nachmittag,== dann ist es auf dem Wasser und den Inseln weniger voll. Zu Lande bietet sich eine Tour mit den offenen Elektrokarren an, die am Ufer entlangfahren.

*Xiao Yingzhou,* „Kleines Yingzhou", ist nach einer Insel im Weltmeer benannt, auf der die Unsterblichen leben sollen – also eine Art Paradieseiland. Es besteht vor allem aus großen Lotos- und Seerosenteichen. Auf der Südseite schauen drei Steinlaternen aus dem Wasser, genannt *Santan Yinyue:* „Drei Weiher spiegeln den Mond". Es ist eine der zehn berühmten Westseeansichten, aber mit erleuchteten Laternen bei Mondschein nur am Mitherbstfest zu erleben. *Inseleintritt 20 Yuan*

*Bai-Damm:* Der kürzere der zwei Dammwege führt von der Stadtpromenade zur Insel Gu Shan. Sein Name wird mit dem Dichter Bai Juyi in Verbindung gebracht, der ihn im 9. Jh. besang. Richtung Nordwest blickt man zu der 45 m hohen *Baochu-Pagode* auf.

*Insel Gu Shan:* Die einzige natürliche Insel im Westsee ist großenteils als Park gestaltet. Am Südufer stehen Teehäuser und Restaurants, dazwischen das Provinzmuseum. Berühmt

**Insider Tipp** (margin label, top right)

**Insider Tipp** (margin label, left)

Entspannung pur: mit Freunden über den Westsee gondeln

ist der Blick von der Terrasse am Ostende: „Herbstmond über stillem See". Am Westufer liegt rechts der Straße das Grab der Revolutionärin und Frauenrechtlerin Qiu Jin (1875 bis 1907).

*Su-Damm:* Der längere der zwei Dämme wurde benannt nach Su Dongpo, jenem Dichterbeamten, der ihn ab 1089 aufschütten ließ. Der 2,8 km lange Weg führt über sechs Brücken. Kurz vorm südlichen Ende liegt rechts der schöne *Huagang-Park (tgl. 24 Std. geöffnet | Eintritt frei)* mit vielen Ausblicken übers Wasser und einem Teehaus.

Von den Geschichten und Sagen, die sich um den Westsee ranken, ist die der Weißen Schlange die bekannteste. Es ist eine Liebesgeschichte, an deren Ende die eingesperrte Schlange – in Gestalt einer wunderhübschen Dame – aus ihrem Gefängnis unter der *Leifeng-Pagode* befreit wird, als diese einstürzt – was 1924 tatsächlich geschah. Jetzt steht der Turm wieder, etwas pompös geraten, auf einem Hügel am Südufer.

## YUE-FEI-TEMPEL     [132 B3]

General Yue Fei (1103–41) kämpfte für die Song-Dynastie gegen die Dschurdschen, als diese Nordchina eroberten. Eine Intrige am Hof aber

stürzte ihn. Seine Exekution auf Betreiben eines Landesverräters, so die offizielle Lesart seither, machte ihn zu Chinas erstem Nationalhelden. Seine Statue in der Haupthalle wurde 1979 geschaffen. In einer Seitenhalle werden seine Eltern verehrt. Sein Grab befindet sich mitsamt einer steinernen, über 400 Jahre alten Ehrenwache links im Seitenhof (links von Yue Feis Tumulus ist der seines Sohnes), und dort sieht man auch den Verräter, dessen Frau und zwei Komplizen knien. Generationen von Chinesen haben auf die Gusseisenfiguren niedergespuckt. *Tgl. 7–18 Uhr | Eintritt 25 Yuan | Beishan Lu, beim Nordende des Su-Damms*

## ■ ESSEN & TRINKEN ■
### RESTAURANTS

*Xihu Tiandi:* Wunderbares Ensemble schicker Restaurantpavillons im Seeuferpark. Das *Hudie* serviert Südostasiatisches in Designerambiente, im *Tea and Wine Chapter* speisen Sie klassisch-chinesisch. *Nanshan Lu 147 | Hudie Tel. 0571/87 02 77 11 | Tea and Wine Chapter Tel. 0571/ 87 02 69 33 | beide €€ | [132 C3]*

*Louwailou:* Das bekannteste Lokal der Stadt (1848 gegründet) hat Westseeblick. Spezialität: Westseefisch und in Tee gekochte Garnelen. *Am Südufer der Insel Gu Shan (Gushan Lu 30) | Tel. 0571/87 96 90 23 | € | [132 B3]*

### TEEHÄUSER UND CAFÉS

Bei einem grünen Drachenbrunnentee den Seeblick genießen können Sie an mehreren Stellen. Traditionsreich ist das zweigeschossige Teehaus *Wanghu Lou* („Haus Seeblick")

kurz vorm Nordende des Bai-Damms *(Ecke Baochu Lu)* [132 B2]. Sehr schick und am Seeende der Hefang Jie praktisch gelegen ist das große  *Tao Café,* in dem man auch speisen kann *(Nanshan Lu 186)* [132 C3].

## ■ EINKAUFEN ■

Das beste Hangzhou-Mitbringsel ist natürlich der grüne Longjing-(Drachenbrunnen-)Tee. Er wird vielerorts angeboten. Ein kleines Teeservice aus Yixing-Ton wäre eine feine Ergänzung.

## ■ ÜBERNACHTEN ■

**OVERSEAS CHINESE HOTEL** [132 C3]
Beste Wahl: an der Seepromenade, komfortabel und preiswert. 300 Zimmer. *Hubin Lu 15 | Tel. 0571/ 87 68 55 55 | Fax 87 07 49 53 | hq_ hotel@mail.hz.zj.cn |* €

**XIZI BINGUAN (WANGZHUANG)** [132 B4]
Das ehemalige staatliche Gästehaus kompensiert seine etwas ungünstige Lage am Südende des Sees durch eben dieselbe: Hier wohnen Sie auf einem parkartigen Ufergrundstück. 200 Zimmer, verteilt auf acht Gebäude. *Nanshan Lu 37 | Tel. 0571/ 87 02 18 88 | Fax 87 06 35 37 | xizi@ mail.hz.zj.cn |* €€

# SUZHOU

 **KARTE
AUF SEITE 133**

[131 D3] Chinas größtes Zentrum der Seidenkultur setzte einst die Maßstäbe für feine Lebensart. Eine Ahnung davon geben bis heute die ★ *Literatengärten* – über ein Dutzend sind zu besichtigen. Die besten zählen zum Welterbe der Unesco. Suzhou (mit Umland 750 000 Ew.) war bis ins 19. Jh. nach Peking die zweitgrößte Stadt des Landes. Von hier kamen besonders viele konfuzianische Beamte. Wenn sie sich später zur Ruhe setzten, pflegten sie ihre Gärten als irdische, politikferne Paradiese. Eine riesige Entwicklungszone außerhalb der Altstadt macht den von vielen Kanälen durchzogenen Ort heute zu einem Hightechstandort. Die berühmtesten Gärten sind meist überlaufen. Seien Sie möglichst bei Toröffnung da; Einlass ist jeweils bis eine halbe Stunde vor Schließung.

Einstündige *Kanalfahrten* beginnen am Anleger gegenüber vom Bahnhof *(Tel. 0512/67 53 99 85)*.

## ■ SEHENSWERTES ■

**BRÜCKE WUMEN QIAO** [133 E4]
Ein pittoresker Rest Alt-Suzhou: Die zur Brücke führende Straße ist sehr touristisch, aber vom Gipfelpunkt der Bogenbrücke blickt man auf ein erhaltenes Stück Stadtmauer mit Tor, den breiten Stadtgraben und eine alte Pagode.

**GARTEN CANGLANG TING** [133 E3]
Dieser älteste der Suzhouer Gärten geht aufs 10. Jh. zurück und erhielt seine heutige Gestalt ab 1873. Sein Name „Canglang-Pavillon" spielt auf eine alte Geschichte an: Ein Fischer am Canglang-Fluss riet einst einem Beamten, vor einer falschen Politik ins private Glück zu fliehen. Die Besonderheit des Gartens ist die Einbeziehung eines öffentlichen Kanals – so ließ sich das vorübergondelnde Volk durch die Fenster eines doppelten Wandelgangs betrachten. 1927

Abends wird im Wangshi Yuan die Kultur der Kaiserzeit lebendig

wurde im Anwesen die Kunstakademie untergebracht. Deren 1932 entstandener Neubau nebenan dient nun als städtische Kunsthalle. *Tgl. 8 bis 17 Uhr | Eintritt im Frühling und Herbst 20 (sonst 15) Yuan | Canglangting Lu (Zugang über die Brücke)*

### GARTEN LIU YUAN [133 D2]

Der „Bleibegarten" zählt mit 2 ha Fläche zu den größten der Stadt – und ist der wohl abwechslungsreichste. Nirgends sonst wird so ausgiebig mit dem Prinzip des „Gartens im Garten" gespielt, vor allem in der Osthälfte mit über einem Dutzend teils kaum zimmergroßer Miniszenen. Auf Wirkung bedacht ist auch der großzügigere Westteil mit dem Gartenteich, bizarren Felsgebirgen und alten Bäumen. Hier beginnt der Rundgang. Gehen Sie nach links um den Teich herum, dann über die „Kleine Paradiesinsel", ein paar Schritte am Ostufer wieder nach Norden und schließlich in den Ostteil, so erschließen sich die Szenerien am besten. *Tgl. 7.30–17.30 Uhr, im Winter 8–17 Uhr | Eintritt im Frühling und Herbst 40 (sonst 30) Yuan | Liuyuan Lu*

### GARTEN SHIZI LIN [133 E–F2]

Sein Name „Löwenhain" leitet sich von dem des Klosters ab, zu dem er einst gehörte. Die Kunst des Gebirgebaus wurde nirgends so hingebungsvoll gepflegt wie hier; dabei winden sich die Pfade auch durch Tunnel und Grotten. Eine Steingravur zeigt, wie der Garten im Jahr 1373 aussah. Die heutige Gestalt erhielt er erst um 1920 – mit einem so stilfremden Element wie dem steinernen Schiff unter Verwendung von Zement. *Tgl. 7.30–17.30 Uhr, im Winter 8–17 Uhr | Eintritt im Frühling und Herbst 30 (sonst 20) Yuan | Yuanlin Lu*

### GARTEN WANGSHI YUAN [133 F3]

Der kleinste der berühmten Gärten ist perfekt. Sein Name „Garten des Meisters der Netze" greift das beliebte Fischerthema auf, denn altchinesische Fischergeschichten entfalteten gern die Utopie eines friedlichen Lebens fern der Politik. Besonders gut lässt sich hier noch die Wohnsituation nachvollziehen. Gehen Sie von der Eingangshalle aus gleich nach links, so versperrt zunächst ein Felshügel den Blick auf den Gartenteich – das erhöht die Spannung, und so gehört es sich! *Mitte Nov.–Ende Feb. tgl. 7.30–17 Uhr, sonst 7.30–17.30 Uhr | Eintritt im Frühling und Herbst 30 (sonst 20) Yuan | Nebengasse der Daichengqiao Lu*

### GARTEN ZHUOZHENG YUAN [133 E–F1]

Der größte der Gärten. Sein Name „Garten der Politik meiner Wenigkeit" war Programm: „Was meine Wenigkeit an Politik betreibt, ist Bäume zu bewässern und Gemüse zu pflanzen", erklärte einst der Herr des Anwesens, als er die Staatsdienerbürde los war. Das Beste am Garten sind die Lotosteiche, der Fernblick auf die Nordtempelpagode und die

## >LOW BUDGET

> *Garküchengasse in Hangzhou:* Von der Hefang Jie [132 C3] zweigt sie nach Norden ab. Hier speist man ebenso preisgünstig wie stilecht.

> *Xinyu International Youth Hostel in Hangzhou:* Klimatisierte Hochhausetage, das Bett ab 40 Yuan. *Qingchun Lu 21 | Tel. 0571/87 24 48 88 | Fax 87 23 80 88* [0]

> *Suzhou Youth Hostel:* Modernes Haus in Altstadtlage, Schlafsaalbetten ab 40 Yuan, auch Doppelzimmer. *Xiangwang Lu 178 | Tel. 0512/65 10 94 18 | www.yhasuzhou.com/yha* [133 F3]

angeschlossene Bonsaizucht (ganz im Westen). Im Ostteil können Sie im Teehaus rasten. *Tgl. 7.30–17.30 Uhr, im Winter 8–17 Uhr | Eintritt im Frühling und Herbst 70 (sonst 50) Yuan | Dongbei Jie 178*

### SEIDENMUSEUM [133 E1–2]

Das moderne Haus illustriert die Technik der Seidengewinnung und ihre Geschichte. *Tgl. 9–17 Uhr | Eintritt 7 Yuan | Renmin Lu 661 (gegenüber von der Pagode Beisi Ta)*

### SUZHOU-MUSEUM [133 E–F1]

Den 2006 eröffneten Neubau entwarf Stararchitekt Ieoh Ming Pei für seine Heimatstadt. Die Exponate zeigen Kunst und Kultur der Stadt. Die angeschlossene Residenz mit altem Theatersaal belegten 1863 Anführer der Taiping-Rebellion. *Tgl. 9–17 Uhr | Eintritt 15 Yuan | Dongbei Jie 204*

### TEMPEL XUANMIAO GUAN [133 E2]

Das daoistische Heiligtum an der beliebten Fußgängerzone markiert mit seiner mächtigen Haupthalle das Zentrum der Stadt. Links und rechts vom Vorplatz stehen weitere kleinere Tempel (gleiche Eintrittskarte), in der Torhalle wachen sechs Generäle. In der Haupthalle thronen die Drei Reinen, die Hochgötter der daoistischen Religion, dahinter sehen Sie Figuren der 60 Jahresgötter. *Tgl. 7.30–17 Uhr, im Winter 7.30–16.45 Uhr | Eintritt 10 Yuan | in der Mitte der Guanqian Jie*

## ■ ESSEN & TRINKEN ■

### JIAZHOU FENGQING [133 E2]

Käsekuchen, Toast, Tiramisu, Mangomousse, Kaffee … Gehen Sie ins

Obergeschoss! *Shuangcheng Xiang 22 (am Tempel Xuanmiao Guan)* | €

### QIANTANG CHAREN [133 E3]

Was für eine witzige Idee: In dem Lokal, in dem Antiquitäten Wohlgefühl verbreiten, bestellt man nur den Tee. Das Essen gibt's gratis dazu –

### HENGDELI BINGUAN [133 E2]

Ein Privathotel, das hell und modern mit klassischen Elementen gestaltet wurde. Es stehen insgesamt 42 Zimmer zur Verfügung. Das Haus grenzt an einen Literatengarten. *Jingde Lu 286 | Tel. 0512/65 21 96 99 | Fax 65 22 58 27* | €

Mode beim Mönchskloster: der daoistische Tempel Xuanmiao Guan in Suzhou

eine Vielzahl kleiner Portionen, und wenn's nicht reicht, dürfen Sie sich am Buffet mehr nehmen. *Shiquan Jie 311 | Tel. 0512/65 30 00 01* | €

## ÜBERNACHTEN

### BAMBOO GROVE [133 F3]

Ein feines Haus mit guter Gastronomie – und dank des Gartens auch mit Atmosphäre. 356 Zimmer. *Zhuhui Lu 168 | Tel. 0512/65 20 56 01 | Fax 65 20 87 78* | www.bg-hotel.com | €€

## AM ABEND

### KULTURPROGRAMM IM WANGSHI YUAN ⭐ [133 F3]

Klassische Kultur in klassischem Ambiente: Die Besucher wandern im Laufe von zwei Stunden grüppchenweise von einer Station zur nächsten. Zu erleben sind Musik, Opernarien, Tanz, Burleske – eine glückliche Zusammenstellung. *März–Nov. tgl. 19.30 Uhr | Eintrittskarten (80 Yuan) sind am Eingang erhältlich*

# DINOS, PARKS UND AKROBATEN

Das Staunen beginnt im Transrapid

> Chinesen lieben Kinder. Mit einer kleinen „Attraktion" an der Hand öffnen sich alle Herzen und Kameralinsen. Die Kinderliebe schlägt sich aber noch nicht im Sicherheitsdenken nieder. Kindersicherer Transport in Taxis ist nicht möglich; Spielgeräte in Vergnügungsparks entsprechen nicht den deutschen Sicherheitsnormen. Shanghai ist kein ideales Pflaster für Krabbelkinder. Schulkindern und Teenies hat die Stadt aber viel zu bieten. Das Staunen beginnt im Transrapid (freie Fahrt für Kinder bis 1,20 m), und neben dem futuristischen kommt auch ein schwankendes Vergnügen gut an: eine Schifffahrt auf dem Huangpu (s. Kapitel „Praktische Hinweise").

## DINO BEACH WATER PARK [0]

Unter den vielen Freizeit- und Vergnügungsparks in Shanghai (Infos in den Stadtmagazinen, s. „Praktische Hinweise") ist der Dino Beach Water Park zu empfehlen. Hier geht es in der Sommerhitze herrlich nass und turbulent zu! *Tgl. 9–19 Uhr | Eintritt saisonal verschieden 80–100 Yuan | Xinzhen Lu 78 | www.dinobeach.com.cn*

## MUNICIPAL HISTORY MUSEUM [127 F3]

Im Sockel des Fernsehturms wird Stadtgeschichte anschaulich erzählt: Handwerker- und Händlerstuben, Orte des Vergnügens und des Elends, Szenen aus der Vergangenheit und Shanghais frühere Bewohner sind in diesem sehenswerten Museum fast lebensgroß nachgebildet. Licht- und Geräuscheffekte hauchen ihnen Leben ein. *Tgl. 9–21 Uhr | Eintritt 35 Yuan | Gate 4, Century Avenue (Shiji Dadao) 1 | M 2 Lujiazui*

## NITTONG KIDS PLAZA [126 A3]

Unterm Pflaster liegt das Paradies! Plüschbärchen und batteriebetriebene Panzer, die ganze Palette der chinesischen Spielwarenindustrie, dazu Schleifchenblusen und Lokomotivführer-T-Shirts: Was das kindliche Herz begehrt, kauft man auf diesem unterirdischen Markt. *Pu'an Xilu 10 (Eingang südlich der Yan'an Lu)*

# >MIT KINDERN UNTERWEGS

### PARKS ZUM AMÜSIEREN
Zum Austoben: ab in den Park! Im Lu-Xun-Park und im Fuxing-Park gibt es Spielplätze. Für ein paar Yuan werden Kinderbelustigungen angeboten, wie z. B. Karussellfahrten. Im weitläufigen *Century Park (tgl. 7–18 Uhr | Eintritt 10 Yuan | Jinxiu Lu 1001 | M 2 Science and Technology Museum, M 2 Century Park | www.centurypark.com.cn)* [0] gibt es einen großen See zum Bootfahren und mehrere Spielplätze (gesonderter Eintritt) – darunter ein Westernfort – sowie Tandems und pedalgetriebene Familienbuggys zum Ausleihen. Ein idealer Ort zum Drachensteigenlassen!

### SHANGHAI CIRCUS WORLD [0]
Ein multimedialer Straßenfeger ist *ERA: Intersection of Time.* Das Spektakel des weltberühmten Shanghaier Akrobatenensembles berührt Kinder und Erwachsene. *Tgl. 19.30 Uhr | Eintritt 80 bis 580 Yuan | Gonghexin Lu 2266 | Tel. 66 52 54 68 | www.era-shanghai.com | M 1 Shanghai Circus World*

### SHANGHAI OCEAN AQUARIUM [127 E3]
Die Fische aller Länder sind hier vereinigt: im größten Aquarium Asiens. Beeindruckend sind die gefährlichen Haie und die unheimlichen Bewohner der Tiefsee. Anschließend im Century Park ein Boot mieten und einen Schatten im Wasser unter sich erspähen, das hält die Kinder bei Laune! *Tgl. 9–18 Uhr, in den Ferien bis 21 Uhr (letzter Einlass 30 Minuten vorher) | Eintritt 110 Yuan, Kinder bis 1,40 m 80 Yuan | Lujiazui Ring Rd. 1388 | M 2 Lujiazui | www.sh-aquarium.com*

### WENN DER HUNGER KOMMT
Kinder sind in Shanghais Restaurants stets Ehrengäste. Entspannt brunchen, während die Kinder im Garten spielen, kann man sonntags ab 11 Uhr im *O'Malleys (S. 69).* Im *Mimosa Supperclub (S. 54)* werden die Kleinen in einem Spielzimmer betreut und können dort kindgerecht frühstücken. Mittags gibt es die bewährte deutsche Kinderkost: Kartoffelbrei mit Möhrchen.

# > STREIFZÜGE MIT ALLEN SINNEN

Schlendern Sie durch die Jahrhunderte

*Die Spaziergänge sind auf dem hinteren Umschlag und im Cityatlas grün markiert*

## 1 CHINA PUR

**Das üppige, geballte Leben im alten Herzen der Stadt macht süchtig. Wandeln, staunen und einkaufen: Dafür sollten Sie mindestens fünf Stunden einplanen.**

Dieser Spaziergang beginnt am Tor der Altstadt, Ecke Renmin/Lishui Lu. Vor Ihnen liegt der Gebäudekomplex des **Yuyuan-Basars** *(S. 65),* der im Stil der Qing-Dynastie als ein Tempel für den Konsum neu gebaut wurde. Die Läden links in der **Fuyou Lu** verkaufen die typischen rotgoldenen Dekorationen. Das Geschäft Nr. 11C bietet Pinsel aus Naturhaar, Papier und Zubehör für die Kalligrafie an. Rechter Hand, hinter der hohen Mauer, sehen Sie die schwungvollen Dächer des **Yu Yuan** *(S. 30).* Rechts geht es in die Anren Lu und entlang der Parkmauer durch die Gasse: Da

Bild: Yuyuan-Basar

# STADT SPAZIERGÄNGE

wird in dunklen Stuben gekocht, an der Ladentheke gegessen, es werden in kleinen Werkstätten Schuhe repariert oder Hosen genäht, Kleinwaren im Hauseingang feilgeboten und Betten auf dem Gehweg gelüftet, und die Wäsche hängt zum Trocknen an Stangen aus den Fenstern. Gehen Sie zweimal rechts, dann stoßen Sie auf den **Stadtgotttempel** *(Chenghuang Miao, S. 30)*. Der kleine Platz davor ist erfüllt vom Lärm der Markt-

schreier und von den Stimmen der vielen Menschen. Appetitliche Gerüche aus Lokalen und Garküchen mischen sich mit dem Rauch aus der großen Feuerstelle, in der die Gläubigen ihre Räucherstäbchen entzünden. Der Devotionalienladen links lockt mit buddhistischen Kassettenrecorderklängen und herrlichem Kitsch. Dagegen ist der Yu Yuan eine Oase altchinesischer Ästhetik und auch eine Oase der Stille, wenn er nicht gerade voll mit Touristengruppen ist. Nach dem obligatorischen Foto an der Zickzackbrücke schlagen Sie sich bis zur Jiujiaochang Lu im Westen durch, von der die Chenxiangge Lu abzweigt. In der kleinen Gasse Nr. 29 liegt ein 400 Jahre altes Nonnenkloster versteckt, das man besichtigen kann *(tgl. 7–16 Uhr | Eintritt 5 Yuan)*. Gehen Sie nun zurück bis zur Old China Street (Fangbang Lu): Das vierstöckige Gebäude an der Ecke Henan Lu beherbergt die Trödlerzunft.

Wer seinen Spaziergang abseits des touristischen Basars fortsetzen will, schlägt sich in eine der vielen Gassen, die nach Süden abzweigen, z. B. in die Guangqi Lu. Man wandert durch schmale Gassen, vorbei an zweistöckigen Häusern, die vom Alter gezeichnet sind. Das gesamte Altstadtviertel ist dem Untergang geweiht, und ein Blick in die düstere, feuchte Enge der heruntergekommenen Häuser offenbart, dass die Bausubstanz nicht mehr zu retten ist. Mit den Häusern müssen auch die Bewohner weichen. Sie werden umgesiedelt in Trabantenstädte am Stadtrand. Die wenigsten können sich eine Wohnung in den luxuriösen Apartmentblocks, die hier gebaut werden, leisten. Am Ende der Guangqi Lu kann man schon zu den Neubauten aufschauen – sie nehmen den umliegenden Häuschen die Sonne.

## 2 FRANZÖSISCHES FLAIR

Ein dreistündiger Bummel durch die einstige Französische Konzession, wo sich das Flair einer vergangenen Zeit mit der geschäftigen chinesischen Gegenwart mischt und das Bild einer lebendigen Metropole entsteht.

Beginnen Sie an einem Ort des Vergnügens, an der Straßenkreuzung Changle Lu/Maoming Nanlu: Hier steht das erste europäische Theater der Stadt. Im heutigen Lanxin-Theater, einem Bau von 1931 im Stil der ita-

Savoir-vivre: Caféviertel in der Französischen Konzession

lienischen Renaissance, gastierten die Ensembles aus Übersee. Das markante **Jinjiang Hotel** *(S. 75)* von 1929 erinnert an die georgianische Zeit in England. Der exklusive **Cercle Sportif Français** residierte gegenüber. Als einziger Club nahm er, typisch französisch, Frauen als Mitglieder auf und später als erster Club auch Chinesen. Das neoklassizistische Gebäude ist eines der beliebtesten Werke des berühmten Architekten Paul Veysseyre. Die Inneneinrichtung war glamourös. Der Bauernsohn Mao Zedong, der durch harte und entbehrungsreiche Kriegsjahre gegangen war, erkor den Club zur privaten Residenz für sich und sein Gefolge und eliminierte den westlichen Luxus. Den alten Glanz brachte eine Sanierung durch das **Okura Garden Hotel** *(S. 74)* zurück. Bewundern Sie das goldene Wandmosaik in der östlichen Eingangshalle, den Aufgang mit dem aus Frankreich importierten Treppengeländer sowie den prächtigen Ballsaal der 1930er-Jahre mit seinem bunten Glasdach.

Kreuzen Sie die Huaihai Lu, und folgen Sie der Maoming Lu. Das Eckgebäude **Astrid Apartments** links an der Ecke zur Nanchang Lu wurde 1933 im Stil des Art déco errichtet. Weiter geht es rechts in die **Nanchang Lu** und durch das Tor auf der linken Straßenseite in die **Lane Nr. 201**: Hier sind Sie im Herzen der Französischen Konzession! Wandeln Sie durch die ruhigen, baumbestandenen Hinterhöfe, vorbei an den in den 1930er-Jahren erbauten **King Albert Apartments**, bis zum Ausgang in der Shaanxi Nanlu *(Nr. 157)*. Folgen Sie der Straße bis zur Shaoxing Lu ins

Café **Old China Hand Reading Room** *(S. 55)* oder ins **Vienna Café** *(S. 55)*. In der ruhigen Straße sitzen die Kartenspieler in den Hauseingängen, zeigt sich das chinesische Großstadtleben von seiner gemächlichen Seite.

Gehen Sie weiter auf der Shaoxing Lu bis zur Ruijin Lu, links wieder bis zur Fuxing Lu, rechts und dann links in die Sinan Lu. Dieses Viertel ist geprägt durch Wohnhäuser aus der Kolonialzeit, hier stehen in wilden Gärten Kleinode, die verwahrlost, aber noch immer schön sind. Die **Residenz von Sun Yat-sen** *(S. 36)* zeigt, wie gebildete chinesische Bürger damals lebten. Biegen Sie links in die Gaolan Lu ein, um einen Blick auf die russisch-orthodoxe **St.-Nikolaus-Kirche** zu werfen. Der ehemals französische **Fuxing-Park** *(S. 35)* ist typisch chinesisch. Das liegt an den alten Männern, die sich hier zum Kartenspielen und Schwatzen treffen. Viele nehmen eine weite Anfahrt in Kauf, weil sie im Zuge der Stadtsanierung ausgesiedelt worden sind und in anonymen Satellitenstädten leben. Kreuzen Sie schließlich am Parkausgang Nanchang Lu die Chongqing Nanlu, und folgen Sie der Xingye Lu bis zum Trendviertel **Xintiandi**. Dort gönnen Sie sich in einem der vielen Cafés oder Restaurants eine Pause.

## 3 KOLONIALZEIT TRIFFT MODERNE

**Ein Ausflug in die koloniale Vergangenheit der Stadt durch die ehemalige Internationale Niederlassung zum Bund hinüber ins moderne Pudong. Der Spaziergang mit architektonischen Highlights ist ein Programm für einen Tag.**

Wo der Suzhou Creek in den Huangpu mündet, führt die 1906 erbaute stählerne Garden Bridge (Waibaidu Bridge) über den Fluss. Hier standen 1937–45 die Grenzposten zur japanisch besetzten Zone nörd-

saniert – zum Wohnen am Wasser für gehobene Ansprüche. Gehen Sie am Fluss entlang bis zur Sichuan Lu. Hier steht das prächtige Shanghaier Postamt mit dem weithin sichtbaren Uhrturm, ein Bau von 1924 mit ko-

lich des Suzhou Creek. Chinesen, die die Brücke passieren wollten, mussten sich vor den japanischen Wachsoldaten tief verbeugen und auf ein Zeichen zum Weitergehen warten. Verletzten sie das Ritual, wurden sie verprügelt – eine Demütigung, an die sich Ältere noch mit Bitterkeit erinnern. Von der Brücke hat man einen guten Blick auf das Russische Konsulat, das 1917 von dem deutschen Architekten Hans Emil Lieb im Stil des Historismus gebaut wurde. Direkt gegenüber steht das Astor House Hotel (S. 77), bekannt unter dem Namen Pujiang Hotel, ein Bau der Neorenaissance von 1860. Pausieren Sie bei schönem Wetter auf der Terrasse des Seagull Sightseeing Restaurant (S. 58). Links passiert man das Shanghai Mansions (S. 28). Das Viertel am Suzhou Creek wird derzeit für die Expo 2010

lossalen Säulen. Wenn Sie die Brücke am Suzhou Creek überqueren, der belebten Geschäftsstraße bis zur Hongkong Road (Xianggang Lu) folgen und sich dort links halten, gehen Sie auf das 1930 von dem berühmten Architekten Ladislaus Hudec entworfene Gebäude Huqiu Lu 128 zu, dessen vertikale Fassadengliederung auf den Stil des Art déco hinweist.

Wenden Sie sich nun nach rechts: Rechter Hand stehen einige der wenigen noch erhaltenen Shikumen oder Steintorhäuser. Diese für Shanghai charakteristische Bauform entstand mit der zunehmenden Bevölkerungsdichte im späten 19. und frühen 20. Jh. unter dem Einfluss westlicher Architektur. Ein Ziergiebel schmückt das steinerne Tor, durch das man von der Straße in eine schmale Sackgasse tritt, die von zwei Häuserreihen gebildet wird. Der so begrenzte Raum strahlt Geborgenheit aus, brachte mit zunehmender Zahl der Bewohner aber auch Enge mit sich.

An der Kreuzung zur Beijing Lu ist ein vollständig erhaltenes, wenn auch sanierungsbedürftiges Ensemble kolonialer Bürger- und Geschäftshäuser zu entdecken. Den **Oriental Pearl Tower** *(S. 46)* vor Augen, wandern Sie zum Bund. Nehmen Sie sich die Zeit, das Foyer der ehemaligen **Hong Kong and Shanghai Bank** *(S. 26)* zu besichtigen, die im Inneren eine imponierende Pracht entfaltet. Das Portal wird von zwei Bronzelöwen bewacht. Ihre Tatzen und Nasen glänzen – denn es soll Glück bringen, wenn man sie reibt. In der Kulturrevolution wurden die Löwen entfernt, um das abergläubische Treiben zu beenden. Heute, unter den neuen kapitalistischen Spielregeln, darf man sich wieder das nötige Glück wünschen.

Kreuzen Sie die Straße unterirdisch, und spazieren Sie flussaufwärts: Die moderne Skyline von Pudong ist eine großartige Kulisse für die Schiffe auf dem Huangpu. Eine Stippvisite im **Signalturm** von 1907 lohnt sich, weil dort alte Fotos vom Bund ausgestellt sind. Schräg gegenüber befindet sich der **Anleger für die Fähren nach Pudong** *(Fahrpreis 2 Yuan, Dongfang Mingzhu Lu)*. Der Eingang ist unten, an den Schaltern gegenüber löst man die Chips für das Schiff Richtung Oriental Pearl Tower.

Am anderen Flussufer erinnern die Hochhäuser, die Weite und die breiten Straßen an Amerika. Halten Sie sich links: Auf Höhe des **Paulaner Brauhaus** *(S. 59)* gelangt man auf die Uferpromenade. Hier ist es ruhiger als auf der anderen Seite, wo sich am Wochenende die Menschenmassen drängeln. Die Gastronomie lädt zum Genießen mit Aussicht ein: Das **Starbucks** *(S. 55)* lockt mit gutem Kaffee, das gediegene Paulaner mit kühlem deutschem Bier. Am Samstag und Sonntag empfiehlt es sich, den **High Tea** in der Halle des edlen Hotels **Shangri-La** *(S. 76)* zu zelebrieren, bei Pianomelodien und mit spektakulärer Sicht auf den alten Bund. Anschließend umrundet man das größte Einkaufszentrum Chinas, die **Super Brand Mall** *(S. 63)*, und hält sich dann rechts, bis das **Jin Mao Building** *(S. 45)* aufragt. Den Abend können Sie mit einem Dinner in einem der Restaurants des Wolkenkratzers beginnen – mit Blick über das nächtliche Lichtermeer der Metropole. Nach einem Drink in der Bar **Cloud 9** *(S. 68)* fühlt man sich dann wie im siebten Himmel. Wer für 25 Yuan noch ein wenig psychedelische Dröhnung möchte, fährt zurück durch den **Bund Sightseeing Tunnel** *(Eingang am Fernsehturm)*.

**Insider Tipp**

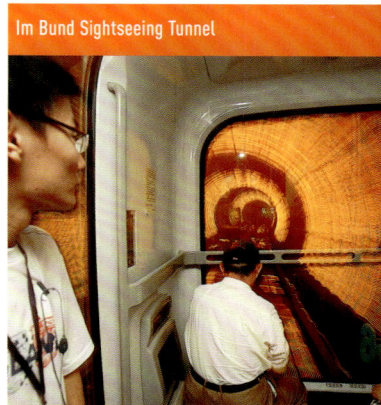

**Im Bund Sightseeing Tunnel**

# EIN TAG IN SHANGHAI

Action pur und einmalige Erlebnisse.
Gehen Sie auf Tour mit unserem Szene-Scout

## SHANGHAI TANGO

**7:00**

Der Tag startet mit heißen Rhythmen: Jeden Morgen wird der *Bund* zum improvisierten Club. Zum Sound aus dem Ghettoblaster legen die Shanghaier an der Promenade des Huangpu ein Tänzchen auf den Teer. Auf dem Programm: Tango und Merengue. Nichts wie ran an den Partner, mittanzen und von der guten Stimmung anstecken lassen. **WO?** *Bund* gegenüber dem *Peace Hotel*

**8:30**

## MODERN TEA

Tanzen macht durstig: Im *Xianzong Ling* warten Tee mit Sagobällchen, Grüntee mit Milch und andere schräge Kombinationen. Und natürlich die passenden Häppchen für den westlichen Magen. Wer zu viel Energie hat und die Beine beim Frühstück nicht still halten möchte, kann sich statt auf einen Stuhl auf eine Schaukel setzen. **WO?** *Fuzhou Lu 452*

## HOCH HINAUS

**10:00**

Ab in die Luft: Begeisterte Drachenfans wetteifern im *Volkspark*, welcher der bunt gestylten Papiervögel am höchsten flattert. Die nötige Ausrüstung für einen typisch chinesischen Drachen gibt's vor Ort bei – natürlich! – fliegenden Händlern. **WO?** *People's Park an der Nanjing Xilu*

**12:30**

## STARKE HÄPPCHEN

Zeit für einen Brunch à la chinoise: In der *Wujiang Lu* warten die absolut besten Snacks aus der Shanghaier Küche. Unbedingt probieren: die kleinen „Dampfkorbbällchen" *xiaolong bao* und *shengjian bao*, goldbraun frittierte Dampfnudeln mit superknusprigem Boden. Wer's schärfer mag, bestellt die Currysuppe: Das Rezept stammt aus dem 19. Jh.! **WO?** *Yang's Fry Dumpling | Wujiang Lu 54*

# 24 h

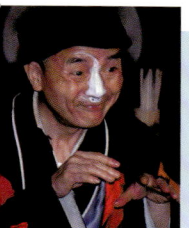

### HÖRTEST

**14:30**

Eine akustische Herausforderung für westliche Ohren ist die traditionelle chinesische Oper im wunderschönen, modernen *Yifu-Theater*. Ebenso faszinierend wie die fremden Klänge: Jede Bewegung und jede Mimik in der Aufführung haben eine eigene Bedeutung. Für ahnungslose Europäer gibt's die Erläuterungen zur Story auch als englische Broschüre. **WO?** *Fuzhou Lu 701 | www.tianchan.com*

**17:30**

### ABGEFAHREN

Shanghai ist im Rennfieber! Wem die Kurven der offiziellen Formel-1-Strecke auf dem *Shanghai International Circuit* zu scharf sind, kann einen Gang runterschalten, ohne auf den Spaßfaktor verzichten zu müssen. Ab auf die Kartbahn und am eigenen Leib erleben, wie schnell China sein kann! **WO?** *Disc Kart | Zaoyang Lu 809, Changfeng-Park | Tel. 62 22 28 80 | www.kartingchina.com*

### SELBST IST DER KOCH

**20:30**

Im *Hotpot King* heißt es jetzt ran an den Topf, denn es gibt Fondue. Dabei können sich die Gäste ihre Zutaten selbst zusammenstellen. Gekocht wird direkt am Tisch, in den Topf fallen Fleisch, Gemüse und allerlei chinesische Geheimnisse. Falls aus Versehen Qualle dabei sein sollte: locker bleiben! **WO?** *Hotpot King | Huaihai Lu 1416 | Tel. 64 73 63 80*

**00:30**

### TANZ IN DIE NACHT

Eintauchen in Shanghais Nachtleben. Coole Beats sorgen im *Absolute House*, einer ehemaligen Fabrikhalle, für den richtigen Groove. Trance, Drum & Base und Cantopop bis zum Morgengrauen – gerade richtig, um im Anschluss wieder an den Bund zurückzukehren. **WO?** *Absolute House | Chaling Lu 20, X2 Creative, Bldg. 6 | www.absolutehouse.cn*

> ## AUF DER SUCHE NACH STILLE UND IDYLL

Bambuswald, Wasserdorf und Pilgerinsel:
malerische Kontraste zur Großstadt

## 1 SHESHAN

[131 E4] Eine Fahrt in den westlichen Bezirk Songjiang, der Aufstieg zur Kirche auf dem höchsten Hügel Shanghais und ein ca. 3 km langer Spaziergang durch Bambuswälder dauern fünf Stunden. Naturfreunde und Vogelliebhaber werden diesen Ort erst kurz vor Sonnenuntergang verlassen wollen.

Schon die Poeten der Tang-Dynastie (618–907) haben diese Landschaft mit den neun lieblichen Hügeln und grünen Bambuswäldern als „Himmel in den Wolken" besungen. Sheshan, der mit 100 m höchste Berg, zieht nicht nur stadtmüde Spaziergänger an. Neben dem alten, sehenswerten Observatorium aus dem Jahr 1900 steht auf dem Gipfel die von portugiesischen Missionaren 1925 bis 1935 errichtete Kathedrale der Heili-

Bild: Fangsheng-Brücke in Zhujiajiao

# AUSFLÜGE & TOUREN

**gen Mutter.** Die in ihrem Stilmix quer durch die Jahrhunderte schöne Kirche ist Sommersitz des Bischofs von Shanghai. Zur Marienwallfahrt im Mai zieht sie rund 80 000 Katholiken an – das Christentum hat in China wieder Zulauf. Die Gläubigen wählen den steilen Aufstieg vom südlichen Eingang aus, der als Kreuzweg angelegt ist.

Auf halber Strecke kann man die 1844–70 errichtete, liebevoll ge-

schmückte *Mittelkirche* besuchen und die stille Atmosphäre in ihrem kleinen Garten genießen. In Shanghai, wo alles Alte abgerissen oder touristisch aufpoliert wird, ist dies ein selten schöner, authentischer Ort. Vogelliebhaber werden unterhalb der Kathedrale die Seilbahn zum benachbarten Hügel besteigen: Dort zwitschern und zilpen Hunderte von Arten in einem **Vogelpark**. Am Fuß des Sheshan können Sie anschließend im

Luxushotel **Le Méridien** *(Linyin Xin Road 1288 | www.lemeridien.com/ sheshan)* köstlich speisen. *Songjiang Sheshan National Forest Park | tgl. 7.30–16.30 Uhr | Eintritt 40 Yuan mit Cable Car | Touristenbus Nr. 1 b (Busbahnhof am Shanghai Stadium) oder Taxi (ca. 100 Yuan einfach) | ca. 40 km von Shanghai*

## 2 ZHUJIAJIAO

**[131 D4] Ein Vormittagsausflug in ein lebendiges Wasserdorf mit kleinen Museen am westlichen Stadtrand von Shanghai, gut mit dem Taxi oder dem Bus zu erreichen.**

Zhujiajiao am Ufer des Dianshan-Sees ist das einzige der vielen Wasserdörfer im Umland, das noch zu Shanghai gehört. Die Renovierungswelle ist natürlich auch hierhin geschwappt, allerdings erst in diesem Jahrhundert. Das bedeutet, es wurde behutsam saniert und nicht so viel zerstört wie andernorts. So bietet diese kleine Wasserstadt immer noch genug, um in den Gassen entlang der vielen kleinen Kanäle das alte, pittoreske China suchen zu gehen. Die Geschichte der Siedlung begann vor mehr als 5000 Jahren. Noch heute säumen zweistöckige Häuser mit geschwungenem Dach aus der Ming- und Qing-Zeit (1368–1911) die Kanäle, die von zwanzig alten Brücken überspannt werden.

Wenn Sie sich durch die Händlergassen gewunden und das bunte Angebot bewundert haben, beruhigt ein Blick von der steinernen **Fangsheng-Brücke** (Brücke zur Freilassung) das Auge. Langsam gleiten die rostigen Lastkähne dahin, und die Schiffer teilen mit langen Stöcken die wuchernden Wasserpflanzen – eine aus Südamerika eingeschleppte Art, die sich auf Chinas Wasserwegen rasant verbreitet. Alte Frauen bieten kleine, lebende Fische zum Kauf an: Greifen Sie zu (Vorsicht, glitschig!), und werfen Sie einen Fisch zurück ins Wasser. Das ist ein alter buddhistischer Brauch und bringt Glück. Die Brücke, benannt nach diesem Brauch, wird von fünf steinernen Bögen getragen. Mit 72 m Länge und 7,40 m Höhe ist sie die größte und schönste dieser Art im Jangtse-Delta. Die „Gondolieri" hier singen zwar nicht, aber dafür ist eine **Fahrt mit dem hölzernen Kahn durch die Kanäle** *(60 Yuan, eine Station 5 Yuan)* billiger als in Venedig.

Die Wasserstadt ist touristisch voll erschlossen: Das Eintrittsgeld, zu entrichten am Stadttor am Parkplatz, berechtigt zum Besuch der Sehenswürdigkeiten, die in einem Plan eingezeichnet sind. Dazu zählt der **Kezhi-Garten**. Der **Stadtgotttempel** mit blutrünstigen Gemälden ist ebenfalls eindrucksvoll. Beachten Sie ferner die **Ausstellung jahrtausendealter Keramik- und Jadefunde im Delta**: Hier staunt man über die Kunstfertigkeit und das ästhetische Gespür im alten China. Eine weitere Ausstellung erzählt vom Reisanbau. Interessant sind auch die Exponate im kleinen **Fischereimuseum**. Im **Granny Teahouse** sind Sie schließlich im ersten Haus am Platz gelandet, was die Aussicht betrifft. Hier können Sie sich für die Rückfahrt stärken. *Eintritt 60 Yuan | Touristenbus Nr. 4 (Busbahnhof am Shanghai Stadium) oder Taxi (ca. 140 Yuan einfach) | ca. 40 km von Shanghai*

# AUSFLÜGE & TOUREN

## 3 PUTUO SHAN

**[131 F6]** ⭐ Die kleine Insel mit ihren prächtigen Klöstern ist eins der großen Pilgerziele des chinesischen Buddhismus – und ein schöner Ort zum Wandern und Baden. Eine Übernachtung ist immer nötig, wer zwei Nächte bleibt, hat ausreichend Zeit, alles zu sehen. Meiden Sie die Wochenenden und Hauptferienzeiten: Dann sind die Übernachtungspreise wegen der begrenzten Kapazitäten entsprechend hoch.

bar ist überhaupt die ganze Insel, z. B. vom 290 m hohen ❇ Gipfel **Foding Shan** (Buddhagipfelberg) aus – er ist der höchste des Eilands. Zwar verkehren auf den wenigen Straßen tagsüber Kleinbusse, aber das nur 12,5 km² große Inselchen (4600 Ew.) lässt sich bestens erwandern. Es ist zudem ein Ort mit Tradition: Ein japanischer Chinapilger, den bei der Heimfahrt im Jahr 916 ein Sturm auf die Insel verschlug, brachte eine Figur der Barmherzigkeitsgöttin Guanyin an Land, gründete den ersten

Wasser hat doch Balken: Ausflug nach Zhujiajiao

So wünscht man sich China überall: ruhig, mit Wäldern und Bergpfaden, kleinen Ortschaften, ans Ortsbild angepassten Neubauten, lebendigen Tempeln und überschaubaren, freundlichen Herbergen. Überschau-

Tempel und legte damit den Keim für den hiesigen Guanyin-Kult. Bis zum 13. Jh. stieg Putuo Shan zu dessen bedeutendstem Zentrum auf – und damit zu einem der Hauptwallfahrtsorte des chinesischen Buddhismus.

Die Insel gilt als einer der vier heiligen Buddhaberge Chinas. Ihr Name bedeutet so viel wie Potala-Berg – wobei dieser Ausdruck auf einen indischen Berg zurückgeht, der als Heimat der Guanyin gilt. Vor 1949 lebten hier über 4000 Mönche und Nonnen in mehr als 200 großen und kleinen Klöstern. Danach ging es bergab – bis zum Tiefpunkt in der Kulturrevolution, als die Roten Garden sämtliche Bildwerke zerstörten. Heute beschert der stete Strom großer und kleiner Opfergaben den wiederbelebten Klöstern einen ungeahnten Reichtum, den sie mit blendend goldenem neuem Bildschmuck auch effektvoll in Szene setzen – zum größeren Ruhm der Guanyin.

Putuo Shan „erobert" man gewöhnlich von Süd nach Nord: Im Süden befindet sich der Fähranleger. Von hier sind es nur kurze Wege von 1–2 km bis zu kleinen Ortschaften und Hotels. Es gibt vier Hauptattraktionen:

Das Tempelkloster **Puji Si**, von dessen Besuchern die daran grenzende Ortschaft – die größte der Insel – lebt, liegt in der Mitte des Südteils. 1080 gegründet, ist es das älteste der Hauptklöster. Die Achse, entlang der sich die Hauptgebäude reihen, beginnt vor dem großen Teich, der vor dem Eingang liegt, und zwar mit einer kaiserlichen Inschriftenstele von 1734. Die Halle der Himmelskönige eröffnet die Folge der Hauptgebäude. Im angrenzenden Haupthof ist am meisten los: Hier werden stets gewaltige Mengen Weihrauch abgebrannt. Die Haupthalle, ein mächtiger Bau im Palaststil, birgt eine vergoldete, riesenhafte Guanyin-Figur, an den Seiten ihre 32 Inkarnationen. Vorn rechts sehen Sie Weituo, des Glaubens General, links den Schutzpatron Guan Gong, eigentlich eine daoistische Gestalt. Auf der Rückseite hinter der Hauptfigur ist Guanyin in sitzender Pose dargestellt. Die dritte Halle ist gewöhnlich den Mönchen

Halle der Himmelskönige im Inselkloster Fayu Si

vorbehalten, doch kann man von außen die „Drei kostbaren Buddhas" erkennen, die hier verehrt werden.

Das zweite Hauptziel liegt im Südosten und ist schon bei der Anreise per Schiff oder Flugzeug unübersehbar: die **Südmeer-Guanyin**, eine mit Sockel 33 m hohe Bronzefigur (1997) der stehenden Göttin. Sie überragt ein eindrucksvolles Ensemble, das auf einer Folge ansteigender, großer Terrassen auch höchst lebendig gestaltete, aus Stein gemeißelte Wächterfiguren zeigt. Angeblich kam Guanyin einmal selbst auf die Insel – sie sprang der Sage nach übers Wasser und hinterließ dabei ihren Fußabdruck auf einem Felsen. Der „Guanyin-Sprung" – so heißt der Abdruck – ist am Ufer zu sehen, nordwestlich der Monumentalfigur unterhalb des neuen „Tempels der nicht gehen wollenden Guanyin". Gemeint ist die Guanyin-Figur jenes Japaners aus dem Jahr 916: Sie ließ den Sturm brausen, um den Mönch zum Bleiben zu zwingen. Der **Tempel des Purpurbambushains**, den man auf dem Weg dorthin passiert, birgt eine weiße Guanyin, begleitet von grotesken Figuren der 18 Luohan. In der hinteren Halle ist ein liegender Buddha (beim Eintritt in das Nirvana) zu sehen.

Die zwei weiteren Hauptziele liegen im Norden:

Das eine ist das Kloster **Fayu Si** (gegründet 1580), das größte auf Putuo Shan. Seine Anlage ähnelt des Puji Si, doch ist die Zahl der Hallen größer, und gibt es noch mehr zu sehen, darunter einen Jadebuddha und eine Guanyin, die zur Rettung der Menschen auf einem Riesenfisch übers Meer fährt.

Wer ein frommer Pilger oder ein sportlicher Mensch ist, steigt neben dem Kloster hinauf zur vierten Hauptsehenswürdigkeit, dem Gipfelkloster **Huiji Si**. Wer es bequemer liebt, fährt mit dem Kleinbus noch ein Stück nordwärts bis zur Endstation und nimmt die Gondelbahn (25 Yuan). Das Huiji Si ist das kleinste der drei Hauptklöster, aber auch hier glänzt viel Gold. Versäumen Sie nicht den Aufstieg zum nahen ☼ Gipfel!

Ruhiger ist es am Ostkap der Insel. Dort wurde ein kleines Kloster über eine tiefe Kluft im Felsufer gebaut. Nördlich der Straße führt ein Fußweg zum idyllischen *Shancai-Grotten-Kloster.* ==Insider Tipp== Abkühlung im Meer bieten die breiten Strände auf der Ostseite der Inselmitte. Mehrere Fischrestaurants und zwei sympathische ==Hotels mit etwas Englisch sprechendem Personal== ==Insider Tipp== finden Sie am **Goldsandstrand** (Jinsha) im Süden: das feinere **Citic Putuo Hotel** *(108 Zi. | Tel. 0580/669 82 22 | Fax 669 81 77 | www.citic pt.com | €€)* und das schlichtere **Purple Bamboo Hotel** *(52 Zi. | Tel. 0580/ 669 80 01 | Fax 669 80 19 | €).*

*Inseleintritt 160 Yuan (am Anleger zu zahlen), Eintritt Klöster meist unter 10 Yuan | Anreise am besten per Bus und Schnellfähre (zusammen vireinhalb Std., Abfahrt 8.15 Uhr, Waima Lu 1588, unter der Nanpu-Brücke, Retourtickets 450 Yuan, Buchung in CITS-Reisebüros/China International Travel Service, z.B. Beijing Xilu 1277, Tel. 62 89 88 99, kein Verkehr bei aufgewühlter See) oder per Flugzeug (tgl. nach Flughafen Zhoushan, von dort Bus und Schiff, Flugzeit 30 Minuten, insgesamt ca. dreieinhalb Std.)*

# > VON ANREISE BIS ZOLL

Urlaub von Anfang bis Ende: die wichtigsten Adressen und Informationen für Ihre Shanghaireise

## ANREISE

### FLUGZEUG

Lufthansa, Air China und China Eastern fliegen tgl. direkt von Frankfurt/Main und mehrmals pro Woche von München nach Shanghai. Die Flugdauer beträgt ca. 12 Std. Flüge werden ab ca. 600 Euro angeboten.

Alle internationalen Flüge enden auf dem Flughafen Pudong (PVG). In die Stadt gelangt man mit dem Taxi (150–200 Yuan, der offizielle Taxistand befindet sich rechts am Ausgang; gehen Sie nicht mit Taxischleppern mit, die keine Lizenz haben), mit dem Bus (15–30 Yuan) oder per Maglev (Transrapid, einfache Fahrt Economy 50 Yuan, Retourticket 80 Yuan, 20 Prozent Ermäßigung bei Vorlage des Flugtickets, hat Anschluss an die Metrolinie 2). Die Airport-Shuttle-Busse fahren zwischen den Ausgängen 7–15 ab und steuern Metrostationen und Hotels an.

Der Flughafen Hongqiao (SHA) im Westen der Stadt wickelt nur innerchinesische Flüge ab. Wenn Sie hier ankommen, nehmen Sie am besten ein Taxi.

### BAHN

Kommt man am Hauptbahnhof [122 A3] an, folgt man den Hinweisschildern zum Taxistand unter dem Vorplatz. Der Eingang zur Metro liegt links vom Südausgang.

## > WWW.MARCOPOLO.DE

*Im Internet auf Reisen gehen*

Mit über 10.000 Tipps zu den beliebtesten Reisezielen ist MARCO POLO auch im Internet vertreten. Sie wollen nach Paris, auf die Kanaren oder ins australische Outback? Per Mausklick erfahren Sie unter *www.marcopolo.de* Wissenswertes über Ihr Reiseziel. Zusätzlich zu den Informationen aus den Reiseführern bieten wir Ihnen online:

> das *Reise Journal* mit aktuellen News, Artikeln, Reportagen
> den *Reise Service* mit Routenplaner, Währungsrechner und Compact Guides
> den *Reise Markt* mit Angeboten unserer Partner rund um das Thema Urlaub
> die *Reise Community* mit einem Forum, in dem Sie Berichte, Tipps, Ergänzungen, Korrekturen und Fotos zu Reisezielen von anderen MARCO POLO Lesern finden und in das Sie selbst Beiträge und Kommentare stellen können.

Es lohnt sich vorbeizuschauen: Wöchentlich aktualisiert, gibt es immer wieder Neues zu entdecken. Bleiben Sie auf dem Laufenden mit unserem E-mail-Newsletter, den Sie kostenlos abonnieren können!

# PRAKTISCHE HINWEISE

## ■ AUSKUNFT VOR DER REISE ■

**CHINESISCHES FREMDENVERKEHRSAMT**
– Ilkenhansstr. 6 | 60433 Frankfurt am Main | Tel. 069/52 01 35 | Fax 52 84 90 | *www.fac.de*
– Genfer Str. 21 | 8002 Zürich | Tel. 01/201 88 77 | Fax 201 88 78 | *zurich@cnta.gov.cn*

## ■ AUSKUNFT IN SHANGHAI ■

Touristeninformationen gibt es in den Metrostationen *Railway Station South Exit* (Hauptbahnhof), *People's Square* und auf dem *Hongqiao-Flughafen*. Weitere: *Jiujiaochang Lu 149* [126 C4] | *Nanjing Xilu 1612* [124 B2] | *Nanjing Donglu 561* [126 B2].

## ■ BANKEN & GELDWECHSEL ■

Geld und Reiseschecks können Sie in jeder Bank wechseln (einheitlicher Kurs, Rücktausch nur mit Quittung und Pass). Die meisten Geldautomaten akzeptieren Maestro- (EC-) und gängige Kreditkarten. Mit Kreditkarten kann man in allen besseren Hotels und Kaufhäusern und einigen Restaurants bezahlen. Banken haben unterschiedliche Öffnungszeiten (Kernzeit 9–16.30 Uhr, Sa, So kürzer).

## DIPLOMATISCHE VERTRETUNGEN

**DEUTSCHES KONSULAT** [125 E1]
Konsularabteilung: *Wujiang Lu 188* | *New Century Plaza, 14/F* | Tel. 62 17 15 20 | Fax 62 18 00 04 | *www.shanghai.diplo.de*

**ÖSTERREICHISCHES KONSULAT** [124 B4]
*Huaihai Zhonglu 1375* | *Qi Hua Tower, 3/F Nr. 3a* | Tel. 64 74 02 68 | Fax 64 71 15 54 | *www.aussenministerium.at/shanghaigk*

## > WAS KOSTET WIE VIEL?

| | | |
|---|---|---|
| > KAFFEE | AB 2,50 EURO | für eine Tasse im Café |
| > TEE | AB 2,50 EURO | für eine Kanne im Teehaus |
| > TAXI | 1–3 EURO | für eine Innenstadtfahrt |
| > SUPPE | 1–2 EURO | für eine Nudelsuppe im kleinen Lokal |
| > COCKTAIL | AB 5 EURO | in der Bar |
| > DINNER | AB 10 EURO | im westlichen Lokal |

**SCHWEIZER KONSULAT** [0]
*Xianxia Lu 319* | *Far East International Plaza, Building A, 22/F* | Tel. 62 70 05 19 | Fax 62 70 05 22 | *www.eda.admin.ch/shanghai*

## ■ EINREISE ■

Für die Einreise nach China benötigen Sie einen mindestens 6 Monate gültigen Reisepass und ein Visum

(Informationen und Visaanträge unter *www.china-botschaft.de*). Anträge müssen persönlich oder durch einen Vertreter bei einer diplomatischen Vertretung Chinas eingereicht und abgeholt werden. Die Bearbeitung dauert meist fünf Arbeitstage. Visumerteilende Stellen:

### DEUTSCHLAND

*– Botschaft der VR China | Konsularabt.: Brückenstr. 10 | 10179 Berlin | Tel. 030/27 58 85 72 | Fax 27 58 85 19*
*– Generalkonsulate der VR China: Mainzer Landstr. 175 | 60326 Frankfurt am Main | Tel. 069/75 08 55 34 | Fax 75 08 55 30; Elbchaussee 268 | 22605 Hamburg | Tel. 040/ 82 27 60 18 | Fax 822 62 31; Romanstr. 107 | 80639 München | Tel. 089/17 30 16 18 | Fax 17 30 16 23*

### ÖSTERREICH

*– Botschaft der VR China | Strohgasse 22 | 1030 Wien | Konsularabt.: Tel. 01/710 36 48 | Fax 710 37 70 | www.chinaembassy.at*

### SCHWEIZ

*– Botschaft der VR China | Kalcheggweg 10 | 3006 Bern | Konsularabt.: Tel. 031/351 45 73 | Fax 351 82 56 | www.china-embassy.ch*
*– Generalkonsulat der VR China | Bellariastr. 20 | 8002 Zürich | Konsularabt.: Tel. 044/205 84 11 | Fax 201 77 12*

### ■ GESUNDHEIT

Leitungswasser ist kein Trinkwasser, man kann es aber zum Zähneputzen nehmen. Impfungen sind nicht vorgeschrieben. Schutz gegen Tetanus,

Polio, Diphtherie, Typhus und Hepatitis A ist aber empfehlenswert (Infos: *www.fit-for-travel.de*), ebenso wie der Abschluss einer Rückholversicherung. Ärztliche Behandlung muss direkt bezahlt werden, Kliniken akzeptieren keine Kreditkarten.

Krankenhäuser mit 24-Std.-Notaufnahme: *Hua Shan Hospital | Huashan Worldwide Medical Centre | Wulumuqi Zhonglu 12/15F | Tel. 62 48 99 99 (Durchwahl 25 00)* [124 A3]; *Ruijin Hospital | Guang Ci Hospital* (Ausländerabteilung), *Ruijin Erlu 197 | Tel. 64 37 00 45* [125 E5].

Arzt- und Zahnarztpraxis: *World Link Medical Centres (www.worldlink-shanghai.com), Shanghai Centre Clinic | West Retail Plaza 203 | Nanjing Xilu 1376 | Tel. 62 79 76 88 |* [124 C1]. Dort gibt es auch eine *Apotheke (Nr. 206 | tgl. 9–21 Uhr)* mit Englisch sprechendem Personal und westlichen Medikamenten.

### ■ INTERNET

*www.shanghai.gov.cn* ist die Website der Shanghaier Stadtregierung, Informationen für Touristen gibt es unter *www.meet-in-shanghai.net*. Eine deutschsprachige Website mit Nachrichten und Meinungen im Forum ist *www.schanghai.com*. *www.thatssh. com* bietet umfassende Infos und einen aktuellen Veranstaltungskalender des englischen Lifestyle-Stadtmagazins „That's Shanghai". *www.smart shanghai.com* ist spezialisiert auf das Nachtleben. *www.shanghaidaily.com* enthält Nachrichten und Stadtinformationen des offiziellen Nachrichtenorgans, unter „transport" kann man sich Karten der Metrostationen und ihrer Umgebung herunterladen –

wichtig für den Hauptbahnhof! Unter *www.economist.com* gibt es den *City Guide Shanghai* des englischen Nachrichtenmagazins „The Economist" mit Verhaltensregeln und Empfehlungen der örtlichen Korrespondenten. Die Rubrik „Country Briefings" bietet ein Länderprofil und exzellente kritische Berichterstattung.

## ■ INTERNETCAFÉS ■

Es gibt zahlreiche, aber häufig den Ort wechselnde Internetbars. Leicht zu finden ist der Internetzugang im Keller der *Shanghaier Bibliothek* (tgl. 9–18.30 Uhr | Huaihai Lu 1555 | Reisepass erforderlich) [124 A4].

In vielen Hotels gibt es Anschlüsse für Laptops, in den Businesscentern der Hotels kann ebenfalls gesurft werden.

## ■ KLIMA & REISEZEIT ■

Die besten Reisezeiten sind Frühjahr (März–Mai) und Herbst (Okt.–Nov.). Bei den Temperaturen schwanken die Spitzenwerte im Jahreszyklus zwischen minus 5 Grad im Winter und plus 40 Grad im Sommer. Im Winter kann es wegen der hohen Luftfeuchtigkeit empfindlich kalt werden.

## ■ NOTRUF ■

Ambulanz *120 (chinesisch), 108 10 (englisch)*
Feuerwehr *119 (chinesisch)*
Polizei *110 (fragen Sie nach „English Operator")*

## ■ ÖFFENTLICHE VERKEHRSMITTEL ■

### AUSFLUGSBUSSE

Terminal am *Shanghai Stadium | Zhongshan Nanlu 1200 | M 1, M 3* · *Shanghai Indoor Stadium* [0]. Grüne Touristenbusse fahren tgl. ab 6.30 Uhr bis nachmittags Ausflugsziele in Shanghai und Umgebung an. Tickets können direkt vor Fahrtantritt gelöst werden. Außerdem fahren nicht nummerierte Busse zu verschiedenen Zielen, unter anderem nach Hangzhou (tgl. ab ca. 9 Uhr, Rückkehr ca. 17 Uhr, besser am Vortag buchen). Man kann wählen zwischen einfacher Fahrt und *Package Tickets,* die Rückfahrt und Eintrittspreise bereits enthalten. *Hotline 64 26 55 55*

## WÄHRUNGSRECHNER

| € | Yuan | Yuan | € |
|---|---|---|---|
| 10 | 107,11 | 100 | 9,36 |
| 20 | 214,21 | 200 | 18,73 |
| 30 | 321,32 | 300 | 28,09 |
| 40 | 428,42 | 400 | 37,45 |
| 50 | 535,53 | 500 | 46,82 |
| 60 | 642,63 | 600 | 56,18 |
| 70 | 749,74 | 700 | 64,54 |
| 80 | 856,85 | 800 | 74,90 |
| 90 | 963,95 | 900 | 84,27 |

### BAHN

Bahnfahren ist sehr günstig. Fahrkarten mit Sitzplatzreservierung – *hard seater* (2. Klasse) bzw. *soft seater* (1. Klasse) – kann man gegen Aufpreis im Hotel bestellen, oder man besorgt sie spätestens zwei Tage vor Reiseantritt im *Pacific Hotel* [126 A2] (tgl. 8.30–11.30, 13–16.30 Uhr | Nanjing Xilu 180, Parterre) oder im *Longmen Hotel* [0] (Hengfeng Lu 777, nordwestlich des Hauptbahnhofs). Am Bahnhof kann man nur einfache Fahrten lösen und benötigt eine Zielangabe in chinesischen Zeichen.

## BUS

Busfahren ist sehr billig (1–5 Yuan), ohne Chinesischkenntnisse aber nicht zu empfehlen. Ausnahme: der *Doppeldeckerbus 911*, der auf der Strecke Hongqiao Lu – Huaihai Lu – Renmin Lu verkehrt.

## METRO

Eingänge erkennt man an einem roten M auf weißem Grund. Tickets kosten 2–6 Yuan und sind auch am Schalter erhältlich. Die Stationen werden auf Englisch angesagt und sind in lateinischer Umschrift angeschrieben.

Den Metroplan finden Sie im hinteren Umschlag dieses Bandes. Wenn in fußläufiger Entfernung einer Adresse eine Metrostation liegt, wird diese im Band genannt.

## POST

Die Post in China ist zuverlässig. Es gibt viele Postämter (dort auch Kartons zum Versenden). Am einfachsten ist es, die Post in den Hotels aufzugeben. Luftpostbriefe nach Europa sind etwa eine Woche unterwegs.

## PREISE & WÄHRUNG

Die chinesische Währung ist der Renmibi (RMB), in Kurstabellen auch als CNY bezeichnet. Die Währungseinheit ist der Yuan, unterteilt in 10 Jiao (auch Mao). Die größte Banknote ist der Hunderter. Der Wechselkurs des Yuan ist an den US-Dollar gekoppelt. Die Preis- und Einkommensspannen in Shanghai sind enorm. Allgemein günstig sind Essen, Taxifahren und Kleidung.

## SICHERHEIT

In Shanghai kann man sich zu jeder Tages- und Nachtzeit unbehelligt bewegen. Das einzige Problem sind Taschendiebstähle: Vorsicht ist geboten bei Drängeleien aller Art in Verkehrsmitteln oder beim Einkaufen.

## STADTRUNDFAHRTEN

*Shanghai Bus Tour:* Start vor dem Peace Hotel Sa, So 11–14 Uhr (Fahr-

# WETTER IN SHANGHAI

| Jan. | Feb. | März | April | Mai | Juni | Juli | Aug. | Sept. | Okt. | Nov. | Dez. |
|------|------|------|-------|-----|------|------|------|-------|------|------|------|
| 8 | 8 | 13 | 19 | 24 | 28 | 32 | 32 | 27 | 23 | 17 | 10 |
| **Tagestemperaturen in °C** | | | | | | | | | | | |
| –1 | 0 | 4 | 9 | 14 | 19 | 23 | 23 | 19 | 13 | 7 | 2 |
| **Nachttemperaturen in °C** | | | | | | | | | | | |
| 4 | 4 | 4 | 5 | 5 | 5 | 7 | 8 | 5 | 6 | 5 | 4 |
| **Sonnenschein Std./Tag** | | | | | | | | | | | |
| 8 | 8 | 9 | 9 | 9 | 11 | 9 | 9 | 9 | 8 | 7 | 6 |
| **Niederschlag Tage/Monat** | | | | | | | | | | | |

# PRAKTISCHE HINWEISE

preis 200 Yuan, mehrere Hotels werden angefahren). *Tel. 1590/056 97 66*

*Hafenrundfahrt:* Ausflugsschiffe liegen am Bund (Höhe Yan'an Donglu). Morgens und nachmittags dreistündige Fahrten bis zum Jangtse-Delta sowie einstündige Fahrten und Abendfahrten (35–120 Yuan).

## STROM

Die Spannung beträgt 220 V bei 50 Hz. Die Steckdosen in den Hotels sind so konstruiert, dass sie außer den flachen zwei- bis dreipoligen Steckern auch die runden deutschen Stecker aufnehmen können.

## TAXI

Taxis haben eine Registriernummer, eine Personalkarte mit Foto am Armaturenbrett und fahren mit Taxameter. Grundpreis für die ersten 3 km 11 Yuan, jeder weitere Kilometer kostet 2 Yuan, ab 10 km 4 Yuan. Nachtfahrten sind etwas teurer.

## TELEFON & HANDY

Mit IP-Karten kann man günstig ins Ausland telefonieren. IC-Karten sind die Telefonkarten für öffentliche Fernsprecher. Wer das Handy häufig innerhalb Chinas benutzen will, sollte eine SIM-Karte kaufen (erhältlich in den zahlreichen Handyshops). Telefonkarten werden auch auf der Straße angeboten. Internationale Vorwahl für Shanghai: 008621; Vorwahl nach Deutschland 0049, nach Österreich 0043, in die Schweiz 0041. Telefonauskunft in Shanghai: 114

## TRINKGELD

Wird in China nicht erwartet; Ausnahmen: Reiseleiter und Pagen in internationalen Luxushotels. Taxifahrer freuen sich, wenn Sie die Summe aufrunden.

## ZEIT

China ist Mitteleuropa im Winter um sieben Stunden, während der Sommerzeit um sechs Stunden voraus.

## ZEITUNGEN & VERANSTALTUNGEN

Die englischsprachige Zeitung „Shanghai Daily" *(www.shanghaidaily.com)* erscheint täglich, der „Shanghai Star" *(www.shanghai-star.com.cn)* wöchentlich; beide kündigen kulturelle Events an. Veranstaltungshinweise und Adressen stehen ferner im monatlich erscheinenden Stadtmagazin „That's" *(www.thatssh.com),* das überall kostenlos ausliegt. Weitere Magazine mit Veranstaltungshinweisen: „City Weekend", „Scene Shanghai", „Shanghai Talk".

## ZOLL

Zollfrei eingeführt werden dürfen 400 Zigaretten, 2 l Spirituosen, Devisen im Wert von bis zu 5000 US-Dollar sowie bis zu 6000 Yuan. Diese Summen dürfen auch wieder ausgeführt werden; Gegenstände des kulturellen Erbes (Antiquitäten) müssen mit dem roten Siegel zur Ausfuhr freigegeben sein.

Zollfreie Mengen in die EU und die Schweiz: Reisemitbringsel im Wert bis zu 175 Euro (100 Schweizer Franken); 200 Zigaretten oder 50 Zigarren oder 250 g Tabak, 1 l Alkohol über 22 l Alkohol unter 22 (Schweiz: 15) Prozent, 50 g Parfüm und 250 g Eau de Toilette. Infos im Internet: *www.zoll.de*

## Adressen

Was nicht namentlich aufgeführt ist, finden Sie über den Straßennamen, Läden und Lokale in Hotels, Einkaufszentren usw. über deren Namen.

### ■ SHANGHAI 上海

| | |
|---|---|
| 88 Xintiandi | 黄陵南路，88新天地 |
| Absolut House | 茶陵北路20号，X2创意空间6号楼 |
| Anren Jie | 安仁街 |
| Anting Lu, Anting Villa Hotel | 安亭路，安亭别墅酒店 |
| Art Museum | 上海美术馆 |
| Astor House Hotel | 浦江饭店 |
| Binjiang Dadao | 滨江大道 |
| Broadway Mansions Hotel | 上海大厦 |
| Bund (Zhongshan Dong 1-Lu) | 外滩 (中山东一路) |
| Captain Hostel, Fuzhou Lu | 福州路37号，船长青年酒店 |
| Captain Hostel, Laoshan Donglu | 浦东崂山东路527号，船长青年酒店 |
| Century Park | 世纪公园 |
| Changle Lu | 长乐路 |
| Chenxiangge Lu | 沉香阁路 |
| Circus World | 共和新路2266号，上海马戏城 |
| City Hotel | 陕西南路，城西酒店 |
| Dagu Lu | 静安区大沽路 |
| Dajing Lu | 大境路 |
| Decathlon | 浦东银霄路393号，迪卡侬 |
| Deutsches Konsulat | 吴江路188号，德国领事馆 |
| Dino Beach Water Park | 七宝镇新镇路，热带风暴水上乐园 |
| Disc Kart | 迪士卡赛车馆，枣阳路，长风公园内 |
| Dong Daming Lu | 东大名路 |
| Donghu Hotel | 东湖宾馆 |
| Dongping Lu | 东平路 |
| Dongtai Lu Antikmarkt | 东台路古玩市场 |
| Duolun Lu | 多伦路 |
| Fangbang Lu, Fangbang Zhonglu | 方浜路，方浜中路 |
| Fengxian Bay Tourist Zone | 奉贤海湾旅游区 |
| Fengxian Lu | 奉贤路 |
| Fenyang Lu | 汾阳路 |
| Flughafen Hongqiao, Flughafen Pudong | 虹桥机场，浦东机场 |
| Fuxing-Park | 复兴公园 |
| Fuxing Xilu, Fuxing Zhonglu | 复兴西路，复兴中路 |
| Fuyou Lu | 福佑路 |
| Fuzhou Lu | 福州路 |
| Gaolan Lu | 皋兰路 |
| Grand Gateway | 徐家汇，港汇广场 |
| Grand Hyatt | 金茂君悦大酒店 |
| Grand Theatre | 上海大剧院 |
| Guangdong Lu | 广东路 |
| Guyi | 富民路89号，古意湘味浓 |

| | |
|---|---|
| Hanting Hotel | 陕西南路233号，汉庭酒店 |
| Hauptbahnhof | 上海火车站 |
| Hengshan Lu | 衡山路 |
| Heng Shan Moller Villa | 陕西南路30号，衡山马勒别墅饭店 |
| Hilton Hotel | 希尔顿饭店 |
| Hongmei Lu | 虹梅路 |
| Hongqiao Lu | 虹桥路 |
| Huaihai Lu, Huaihai Zhonglu | 淮海路，淮海中路 |
| Huanghe Lu | 黄河路 |
| Huangpi Nanlu | 黄陂南路 |
| Huashan-Hospital | 乌鲁木齐中路，华山医院 |
| Jadebuddhatempel | 玉佛寺 |
| Jianguo Xilu, Jianguo Zhonglu | 建国西路，建国中路 |
| Jiaozhou Lu | 胶州路 |
| Jing'an-Tempel | 静安寺 |
| Jinjiang Hotel | 锦江饭店 |
| Jin Mao Building | 金茂大厦 |
| Jinhui Lu | 金汇路 |
| Jinxian Lu | 进贤路 |
| Julu Lu | 巨鹿路 |
| JW Marriott Hotel | 明天广场JW万豪酒店 |
| Konfuziustempel | 文庙 |
| Live Bar | 昆明路721号，现场酒吧 |
| Longhua-Tempel | 龙华寺 |
| Lost Heaven | 高邮路38号，花马天堂 |
| Lü Bo Lang | 豫园路115号，绿波廊 |
| Lu-Xun-Park | 鲁迅公园 |
| Mansion Hotel | 新乐路82号，首席公馆酒店 |
| Maoming Nanlu | 茂名南路 |
| Mason Hotel | 美臣大酒店 |
| MoCA | 人民公园，上海当代艺术馆 |
| Moganshan Lu | 莫干山路 |
| Morriss-Anwesen (Ruijin Hotel) | 瑞金路118号，瑞金宾馆 |
| Motel 168 | 安远路678号，莫泰连锁旅店 |
| Municipal History Museum | 东方明珠塔，上海市历史博物馆 |
| Nanchang Lu | 南昌路 |
| Nanjing Lu, Nanjing Donglu, Nanjing Xilu | 南京路，南京东路，南京西路 |
| Nanxiang Steamed Buns Restaurant | 豫园路85号，南翔馒头店 |
| Novotel Atlantis | 浦东大道，海神诺富特大酒店 |
| Ocean Hotel | 远洋宾馆 |
| Ohel-Moishe-Synagoge | 长阳路62，犹太难民纪念馆 |
| Okura Garden Hotel | 花园饭店 |
| Old House Inn | 华山路351弄，老时光 |
| Oriental Pearl Tower | 东方明珠塔 |
| Österreichisches Konsulat | 淮海中路1375号，奥地利领事馆 |
| Panyu Lu (auch: Fanyu Lu) | 番禺路 |
| Park Hotel | 国际饭店 |
| Peace Hotel | 和平饭店 |
| People 6 | 岳阳路150号 |
| People's Park | 人民公园 |
| People's Square | 人民广场 |
| Pu'an Lu | 普安路 |
| Pudong | 浦东 |
| Pudong Shangri-La | 浦东香格里拉大酒店 |
| Qizhong Stadium | 元江路，旗忠森林体育城 |

| | |
|---|---|
| Radisson Plaza | 兴国宾馆 |
| Renmin Lu | 人民路 |
| Residenz von Song Qingling | 淮海中路1843号，宋庆龄故居 |
| Residenz von Sun Yatsen | 孙中山故居 |
| Ruijin-Hospital | 瑞金二路，瑞金医院 |
| Ruijin Hotel | 瑞金宾馆 |
| Ruijin Lu, Ruijin Erlu | 瑞金二路 |
| Russisch-orthodoxe Missionskirche | 新乐路55号，东正教堂 |
| Schweizer Konsulat | 仙霞路319号，瑞士领事馆 |
| Science and Technology Museum | 上海科技馆 |
| Seagull Hotel | 黄埔路，海鸥饭店 |
| Seagull Sightseeing Restaurant | 黄埔路60号，海鸥滨江观景餐厅 |
| Shaanxi Nanlu | 陕西南路 |
| Shanghai Arts & Crafts Museum | 汾阳路79，上海工艺美术博物馆 |
| Shanghai Centre | 南京西路1376号，上海商城 |
| Shanghai Concert Hall | 上海音乐厅 |
| Shanghai Exhibition Center | 上海展览中心 |
| Shanghai Mansions | 上海大厦 |
| Shanghai Museum | 上海博物馆 |
| Shanghai Ocean Aquarium | 陆家嘴环路，上海海洋水族馆 |
| Shanghai Oriental Art Centre | 东方艺术中心音乐厅 |
| Shanghai Stadium | 上海体育场 |
| Shanghai World Financial Center | 上海环球金融中心 |
| Shaoxing Lu | 绍兴路 |
| Shintori Null II | 巨鹿路803号，新都里无二店 |
| Sichuan Beilu | 四川北路 |
| Stadtgotttempel (Chenghuang Miao) | 城隍庙 |
| Stoffmarkt: Lujiabang Lu | 陆家浜路 |
| Super Brand Mall | 陆家嘴西路，正大广场 |
| Taicang Lu | 太仓路 |
| Taikang Lu | 泰康路 |
| Taiyuan Lu | 太原路 |
| Taojiang Lu | 桃江路 |
| Tianping Hotel | 天平路185号，天平宾馆 |
| Tongren Lu | 铜仁路 |
| Tomorrow Square | 南京西路399号，明天广场 |
| Urban Planning Exhibition Hall | 人民广场，城市规划展示馆 |
| Weihai Lu | 威海路 |
| Westin, The | 河南中路，威斯汀大饭店 |
| Wujiang Lu | 吴江路美食街 |
| Xianxia Xilu | 仙霞西路 |
| Xijiao Guest House | 虹桥路1921号，西郊宾馆 |
| Xingye Lu | 兴业路 |
| Xinhua Lu | 新华路 |
| Xinle Lu | 新乐路 |
| Xintiandi | 新天地 |
| Xujiahui-Kathedrale | 徐家汇天主堂 |
| Yan'an Lu, Yan'an Xilu | 延安路，延安西路 |
| Yangshupu Lu | 杨树浦路 |
| Yangtze Hotel | 扬子饭店 |
| Yichang Lu | 宜昌路 |
| Yifu Chinese Opera Theatre | 福州路701号，逸夫舞台 |
| YongFoo Élite, The | 永福路200号，雍福会 |
| Yongjia Lu | 永嘉路 |
| Yu Yuan (Yu-Garten) | 豫园 |

# CHINESISCH ZUM ZEIGEN

| | |
|---|---|
| Yunnan Lu | 云南路 |
| Yuyuan Laolu | 豫园老路 |
| Zao Zi Shu: Songshan Lu | 嵩山路77号，枣子树 |
| Zao Zi Shu: Huangjincheng Dao | 黄金城道848号，枣子树 |
| Zhongshan Dong Yilu, ~ Erlu | 中山东一路、中山东二路 |

## ■ HANGZHOU  杭州

| | |
|---|---|
| Apotheke Hu Qingyu Tang | 胡庆余堂 |
| Chenghuang Ge | 城隍阁 |
| Gu Shan, Gushan Lu, Louwailou | 孤山，孤山路，楼外楼 |
| Hefang Jie, Wu Shan | 河坊街，吴山 |
| Leifeng-Pagode | 雷峰塔 |
| Lingyin Si, Feilai Feng | 灵隐寺，飞来峰 |
| Liuhe Ta | 六和塔 |
| Nanshan Lu | 南山路 |
| Overseas Chinese Hotel | 华侨饭店 |
| Provinzmuseum | 浙江省博物馆 |
| Seidenmuseum | 丝绸博物馆 |
| Teemuseum | 中国茶叶博物馆 |
| Wanghu Lou | 望湖楼 |
| Westsee, Bai-Damm, Su-Damm | 西湖，白堤，苏堤 |
| Xiao Yingzhou | 小瀛洲 |
| Xihu Tiandi | 西湖天地 |
| Xinyu International Youth Hostel | 新宇国际青年旅馆 |
| Xizi Binguan | 西子宾馆 |
| Yue-Fei-Tempel | 岳王庙 |

## ■ SUZHOU  苏州

| | |
|---|---|
| Bamboo Grove Hotel | 竹辉饭店 |
| Canglang Ting | 沧浪亭 |
| Hengdeli Binguan | 景德路286号，亨德利宾馆 |
| Jiazhou Fengqing | 双城巷，加州风情 |
| Liu Yuan | 留园 |
| Seidenmuseum | 丝绸博物馆 |
| Shiquan Jie | 十全街 |
| Shizi Lin | 狮子林 |
| Suzhou-Museum | 苏州博物馆 |
| Suzhou Youth Hostel | 相王路178号，苏州国际青年旅舍 |
| Wangshi Yuan | 网师园 |
| Wumen Qiao | 吴门桥 |
| Xuanmiao Guan | 玄妙观 |
| Zhuozheng Yuan | 拙政园 |

## ■ AUSFLÜGE

| | |
|---|---|
| Putuo Shan | 菩陀山 |
| Citic Putuo Hotel | 中信普陀大酒店 |
| Fayu Si | 法雨寺 |
| Foding Shan, Huiji Si | 佛顶山，慧济寺 |
| Guanyin-Sprung | 观音跳 |
| Puji Si | 普济寺 |
| Purple Bamboo Hotel | 紫竹山庄 |
| Shancai-Grotten-Kloster | 善财洞 |
| Südmeer-Guanyin | 南海观音立像 |
| Tempel des Purpurbambushains | 紫竹林 |
| Sheshan | 佘山国家旅游度假区 |
| Zhujiajiao | 朱家角镇 |

# > 你会说汉语吗?

„Sprichst du Chinesisch?" Dieser Sprachführer hilft Ihnen, die wichtigsten Wörter und Sätze auf Chinesisch zu sagen

## Aussprache

Die wichtigsten Besonderheiten der Standardumschrift (linke Spalte, kursiv) und wie wir sie im Sprachführer wiedergeben.

*ao*   wie au. Wir schreiben au.
*c*   wie tz in „Platz." Wir schreiben tz.
*ei*   wie eh in „Weh". Wir schreiben eh.
*ch*   wie tsch in „deutsch". Wir schreiben tsch.
*i*   nach c, ch, r, s, sh, z, zh: verlängert nur den Anlaut, stimmhaft. Wir schreiben i.
*j*   wie dj in „Django". Wir schreiben dj.
*h*   wie ch in „ach". Wir schreiben h.
*q*   wie tch in „Lottchen". Wir schreiben tch.

*r*   am Silbenanfang wie g in „Genie", sonst wie englisches r. Wir schreiben r.
*s*   wie ß. Wir schreiben ß.
*sh*   wie sch. Wir schreiben sch.
*x*   wie ch in „ich". Wir schreiben ch.
*z*   wie s in „Sonne" mit einem d davor. Wir schreiben ds.
*zh*   wie dsch in „Dschungel". Wir schreiben dsch.

Bitte beachten: Doppel- und Dreifachvokale sind nicht getrennt, sondern in eins zu sprechen, so ist z.B. „schuang" oder „liau" jeweils nur eine Silbe.

Die vier verschiedenen Silbenakzente in der chinesischen Hochsprache sind nicht in jedem Fall zum Verständnis wichtig. Falls Sie es dennoch probieren wollen:

1. Ton: gleichbleibend hoch
2. Ton: ansteigend
3. Ton: absinkend-ansteigend
4. Ton: fallend

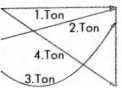

hohe Tonlage

tiefe Tonlage

## ■ AUF EINEN BLICK

| | | |
|---|---|---|
| Ja, richtig. | duèh. | 对。 |
| Ja, einverstanden. | hǎu. | 好。 |
| Nein, falsch. | bú duèh. | 不对。 |
| Nein, ich lehne ab. | bù hǎu. | 不好。 |
| Danke. | chiǎchiǎ. | 谢谢。 |
| Bitte, nichts zu danken! | bú chiǎ! | 不谢! |
| Bitte! (Aufforderung) | tchǐng! | 请! |
| Entschuldigung! | duèh bù tchǐ! | 对不起! |
| Wie bitte? | nǐ schuō schémmo? | 你说什么? |
| Ich verstehe Sie nicht. | uǒ bù dǔng? | 我不懂。 |
| Ich möchte … | uǒ yàu … | 我要… |
| Das gefällt mir. | uǒ hěn chǐ huān. | 我很喜欢。 |
| Das gefällt mir nicht. | uǒ bù chǐ huān. | 我不喜欢。 |
| Bitte nicht/bitte kein! | bú yàu! | 不要! |
| Wo ist die Toilette? | tzè ßuǒ dsài nǎli? | 厕所在哪里? |
| Eine Quittung, bitte! | yàu fā piàu. | 要发票。 |

> www.marcopolo.de/shanghai

# SPRACHFÜHRER
# CHINESISCH

## KENNENLERNEN

| | | |
|---|---|---|
| Guten Morgen! | dsău! | 早！ |
| Guten Tag/Abend! | nĭ hău! | 你好！ |
| Wie heißen Sie? | nín guèh chìng! | 您贵姓？ |
| Wie geht es Ihnen/dir? | nĭ hău ma? | 你好吗？ |
| Auf Wiedersehen! | dsài djiăn! | 再见！ |
| Bis morgen! | míngtiăn djiăn! | 明天见！ |

## UNTERWEGS

### AUSKUNFT

| | | |
|---|---|---|
| links/rechts | dsuŏ/yòu | 左/右 |
| geradeaus | uăng tchiăn | 往前 |
| nach Osten/Westen | uăng dūng/chī | 往东/西 |
| nach Norden/Süden | uăng bĕh/nán | 往北/南 |
| Ist es weit? | yüăn bù yüăn? | 远不远？ |
| Bitte, wo ist … | huŏ tschē dschàn | |
| … der Bahnhof? | dsài năli? | 火车站在哪里？ |
| … die U-Bahn? | dì tiă dsài năli? | 地铁在哪里？ |
| … die Bushaltestelle? | tschē dschàn dsài năli? | 车站在哪里？ |
| Welcher Bus fährt nach…? | dàu … dsuò djĭ lù? | 到 … 坐几路？ |

### FAHRRADFAHREN

| | | |
|---|---|---|
| Ich möchte ein Rad mieten. | uŏ yàu dsū í liàng dsì chíng tschē. | 我要租一辆自行车。 |
| Was kostet es pro Tag? | ì tiăn duō schău tchiăn? | 一天多少钱？ |
| Die Bremse funktioniert nicht richtig. | schā tschē huàile. | 刹车坏了。 |

### TAXI FAHREN

| | | |
|---|---|---|
| Bitte nach/zu … | dàu … | 到 … |
| Was kostet es nach …? | dàu … duō schău tchiăn? | 到 … 多少钱？ |
| Halten Sie dort! | tchiăn miàn tíng tschē! | 前面停车！ |
| Ich steige hier aus. | dschè lĭ chià tschē. | 这里下车。 |
| Bitte warten Sie. | tjĭng nĭ dĕng uŏ. | 请你等我。 |

### FERNVERKEHR

| | | |
|---|---|---|
| Eine Karte nach … | ì dschāng piàu dàu … | 一张票到 … |
| Wann fahre ich ab? | schémmo schíhou fā tschē? | 什么时候发车？ |
| Wann fliege ich ab? | schémmo schíhou tchĭfēh? | 什么时候起飞？ |
| Wann komme ich an? | schémmo schíhou dàu? | 什么时候到？ |
| Schlafwagen bitte. | uŏ yàu ruăn uò. | 我要软卧。 |

| Liegewagen bitte. | uŏ yàu ìng uŏ. | 我要硬卧。 |
| Weiche Sitzklasse bitte. | uŏ yàu ruăn dsuò. | 我要软座。 |
| Harte Sitzklasse bitte. | uŏ yàu ìng dsuò. | 我要硬座。 |

## ■ ESSEN/UNTERHALTUNG

| Wo gibt es hier ein gutes Restaurant? | fù djìn nălĭ yŏu hău fànguăn? | 附近哪里有好饭店？ |
| Reservieren Sie uns bitte für heute Abend einen Tisch für … Personen. | uŏmen djīn tiān uănshàng dìng … ge rén de uèh dschì. | 我们今天晚上订 … 个人的位置。 |
| Bitte bringen Sie uns … | tjĭng lái … | 请来 … |
| Bitte noch etwas Reis. | tjĭng dsài lái mĭfàn. | 请再来米饭。 |
| Bitte noch eine Flasche Bier. | tjĭng dsài lái i píng pídjiŭ. | 请再来一瓶啤酒。 |
| Danke, genug! | gòule, chiăchiă. | 够了，谢谢。 |
| Prost! | gān bēh! | 干杯。 |
| Bezahlen bitte. | uŏ yàu fù tchiĕn. | 我要付钱。 |

## ■ EINKAUFEN

| Wo bekomme ich … | nălĭ néng măi dàu … | 哪里能买到 … |
| … Filme? | … djiāudjuăn? | … 胶卷？ |
| … Obst?/Kekse? | … schuĕhguŏ?/bĭnggān? | … 水果/饼干？ |
| … Medizin? | … yàu? | … 药？ |
| … Zigaretten? | … chiāng yăn? | … 香烟？ |
| Haben Sie …? | yŏu méh yŏu …? | 有没有 … ？ |
| Haben wir/nicht. | yŏu/méh yŏu. | 有/没有。 |
| Was kostet das? | duō schău tchiĕn? | 多少钱？ |
| Bitte zeigen Sie mir das da. | uŏ chiăng kànkan nèhge. | 我想看看那个。 |
| Das ist mir zu teuer. | tài guèh le. | 太贵了。 |
| Ich möchte es … | | |
| … kaufen. | uŏ măile. | 太贵了。 |
| … nicht kaufen. | uŏ bù măi. | /我不买。 |

## ■ ÜBERNACHTUNG

| Wo kann man hier übernachten? | fù djìn yŏu méh yŏu lŭguăn? | 附近有没有旅馆？ |
| Haben Sie noch Zimmer frei? | hái yŏu méh yŏu făng djiăn? | 还有没有房间？ |
| Ich bleibe | uŏ dschù | 我住 |
| … eine Nacht. | … ige uănshàng. | … 一个晚上。 |
| … drei Tage. | … ßān tiăn. | … 三天。 |
| … eine Woche. | … ige chīngtjī. | … 一个星期。 |
| Was kostet eine Nacht? | ige uănshàng duō schău tchiĕn? | 一个晚上多少钱？ |
| Haben Sie ein Zimmer mit Bad? | yŏu méh yŏu dài uèh schēng djiăn de făng djiän? | 有没有带卫生间的房间？ |

# SPRACHFÜHRER

### ARZT

| | | |
|---|---|---|
| Ich brauche einen Arzt. | uǒ yàu kàn īschēng. | 我要看医生。 |
| Ich habe hier Schmerzen. | dschèlǐ téng. | 这里疼。 |
| Ich habe Durchfall. | uǒ lā dùdsi. | 我拉肚子。 |
| Ich habe Fieber. | uǒ fā schāu. | 我发烧。 |
| Haben Sie eine Kopf-schmerztablette? | yǒu méh yǒu tóuténg yàu? | 有没有头疼药？ |

### GELDWECHSEL

| | | |
|---|---|---|
| Wo kann man hier Geld tauschen? | fù djìn nǎlǐ duèh hùan uài bì? | 附近哪里兑换外币？ |
| Wie hoch sind die Gebühren? | schŏu chǔ fèh duō schǎu? | 手续费多少？ |

### POST

| | | |
|---|---|---|
| Nach … | dji uǎng … | 寄往 … |
| … Deutschland. | … Déguó. | …德国/. |
| … Österreich. | … Àudìlì. | …奥地利/. |
| … Schweiz. | … Ruèhschì. | …瑞士. |
| Mit Luftpost. | hángkūng. | 航空. |
| Ansichtskarte | míngchinpiàn | 明信片 |

| | | | | | |
|---|---|---|---|---|---|
| 0 | líng | 零 | 18 | schí-bāh | 十八 |
| 1 | ī | 一 | 19 | schí-djiŭ | 十九 |
| 2 | èr* | 二 | 20 | èr-schí | 二十 |
| 3 | ßān | 三 | 21 | èr-schí-ī | 二十一 |
| 4 | ßì | 四 | 22 | èr-schí-èr | 二十二 |
| 5 | ŭh | 五 | 30 | ßān-schí | 三十 |
| 6 | liù | 六 | 40 | ßì-schí | 四十 |
| 7 | tchī | 七 | 50 | ŭh-schí | 五十 |
| 8 | bāh | 八 | 60 | liù-schí | 六十 |
| 9 | djiŏu | 九 | 70 | tchī-schí | 七十 |
| 10 | schí | 十 | 80 | bāh-schí | 八十 |
| 11 | schí-ī | 十一 | 90 | djiŭ-schí | 九十 |
| 12 | schí-èr | 十二 | 100 | i-bǎi | 一百 |
| 13 | schí-ßān | 十三 | 101 | i-bǎi-líng-ī | 一百零一 |
| 14 | schí-ßì | 十四 | 200 | èr-bǎi | 二百 |
| 15 | schí-ŭh | 十五 | 1.000 | ì-tchiǎn | 一千 |
| 16 | schí-liù | 十六 | 10.000 | í-uàn | 一万 |
| 17 | schí-tchī | 十七 | 1.000.000 | i-bǎi-uàn | 一百万 |

\* Zählt man Gegenstände, Personen etc., wird „liǎng-gè" statt „èr" verwendet.

# CITYATLAS
# SHANGHAI

A B C

400m

Long Distance
Bus Station

Tanjiaqiao

Liuying

Xinlu

Gonghe

Yujingang

Chenjiazhai

Tibet

Railway Medical
College

Zhongshan

Hubei

Xinkang

Zhongha

Bus Station of
North District

中山北路 Zhongshan Rd N.

闸北
ZHABEI

129
65

Qin

Beilu

Pushan

Hengli

Zhijiang

Xilu

Zhijiang

Xilu

Jiaotong

太

Lu

Central Hospital
of Zhabei District

Nanshan

Lu

Zhijiang

Tianfeng's

Xilu

Jiaotong

106
115
117

Shanghai Huochezhan/Railway Sta N.
上海火车站

Xilu

Zhonghua

Gymnasium

Mid Sch

Xiteng

Shanghai
Railway
Station

Datong

Yongxing

Zhonghua

Zhongxing

68

Taiyangshan

Zhongxing

Zhilu

Xiaomalu

Shanghai Huochezhan/Railway Sta S.

95 T3

Jing Changxing

Xinlu

Yongxing

Yongxing

Qiujiang

Lu

Zhongxing 中兴路

Mid Sch

Beilu

Yongxing

Xiteng

104

Lu

Jing Changxing

Lu

Minde

i

Kangji
Mansion

Club

Datong

Jingjiang

Lu

Lu

Xujiazhai

Yuyingtang

Wangjiazhai

114

Meiyuan

Hengfeng

西

Jiaotong
Park

Bus
Terminal

Lu

Huasheng

Xinma

Hanzhong Rd
汉中路

Tianmu

Xinmin

Datong

Zhonglu

天

13.13

中

15.18 41.83

Haichang

Nanjing

Huaxing

Chang'an

Haining

Rehe

Lu

Lu

Zhonglu

Beizhan
Hospital

Guangfu

Suzhou Nanlu

Chang'an

Datian

Suzhou

Xinjiang

Menggu

Guocong

Lu

Kaifeng

Rehe

Qipu

Mid Sch

Beilu

Qufu

Qufu

Xilu

Qufu Rd
曲阜路

Qufu

Lu

15.18

Cixi

Xinzha

Xijiao

Xinjiao

Xizang

58

Wusong River

Suzhou

Wen'an

Xiamen

Shanghaiguan

Junling
Plaza

Xinzha Rd
新闸路

Qingdao Lu

泥城桥

Nanle

Beilu

Mid Sch

125

122

CHENG QIAO

Huangpu
Theatre

Lu

125     122

Legend box:
Bei = North
Zhong = Middle, Central
Xi = West
Nan = South
Dong = East
Dadao = Avenue
Dajie = Avenue, Boulevard
Jie = Street
Lu = Road

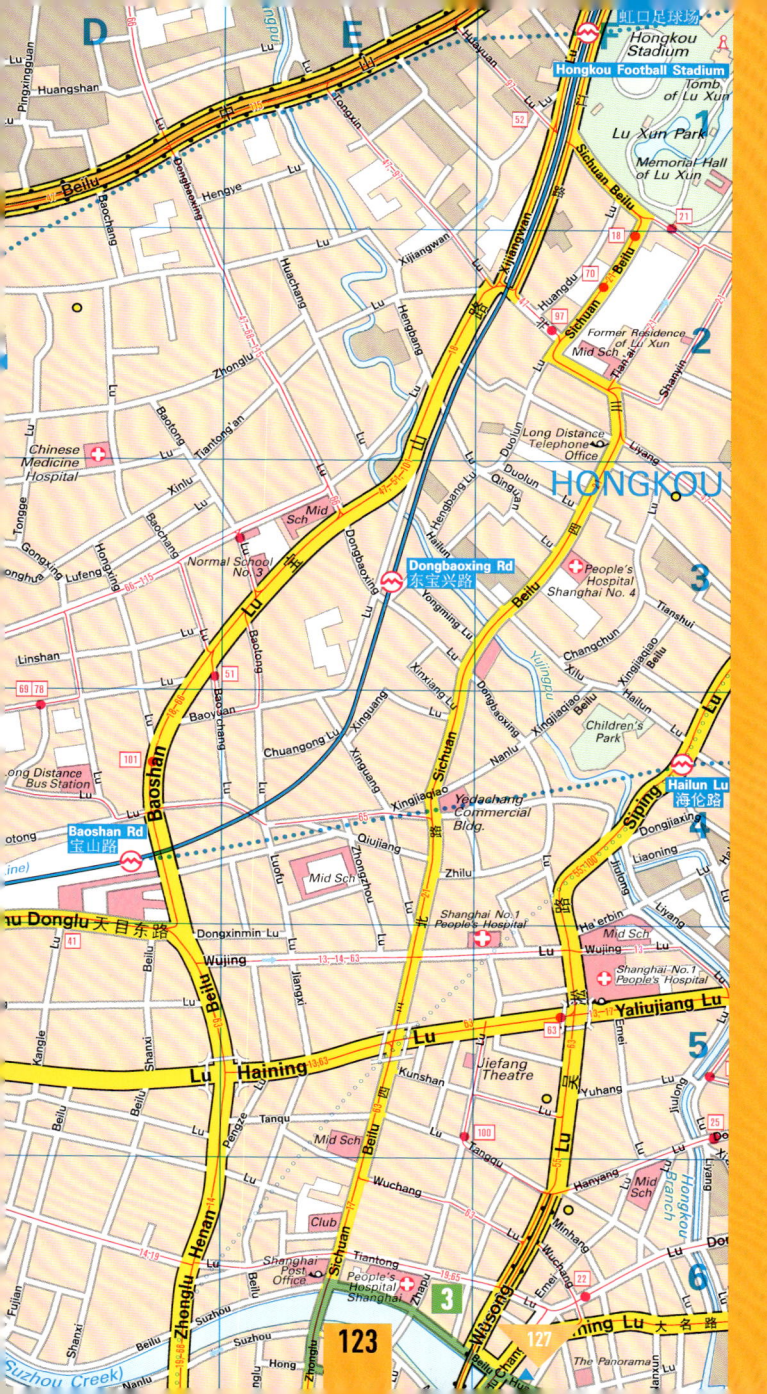

A · B · C

Wanghangdu · Xinzha

静安寺
JING AN SI · Beijing

400m

Central Hos
of Jingan Di

Shanghai
World Trade
Automobilo & Co.

1 · Nanyang

Mid Sch · Shangha
Centre

Normal School
No. 1 · Paramount · Yuyuan · Changde · Centre, T
(Acrobatic S

Yuyuan · Lu · Jing'an
Temple
静安 · 37 · Shangha

Xilu · 21 · 南 · Anyi

Jing'an Temple
静安寺 · Changde · Lu · Zhong

Zhanging · Nanjing
延安 · Art Hall · Children's
Palace · Jing'an Park · Fumin · Tongren

2 · 西
路 · Yan'an · 高架

Theatre
Academy · East China
Hospital · Fumin

Julu

Zhenning · Huashan Hospital · Changle · Lu · Changle · Donghu · Xinle · 94

3 · Ding Xiang
Garden · Anfu · Yanqing · Pacific
Plaza

Wuyuan · Huating · Laifu Tower

Changshu Rd
常熟路 · Bank of
China · Shanghai
International
Arts Centre

4 · Peregrine
Plaza · China
Merchants
Bank · Customs
Training
School

Nie Er
Monument · Shanghai
Dive Pool

Xilu · Fuxing

Yongfu · Huaihai
海 · Taojiang · Shanghai
Arts & Crafts Museum

Gao'an · Shanghai
Library · Dongping · Fenyang · Mid Sch

Puxijin
Monument · Yue Yang
Hospital · Eye, Ear, Nose and
Throat Hospital · Yongkang

International
Community
Church · Yongjia

5 · Hengshan
Yongjia · Mid Sch

Hengshan Rd · Line 1

Jiashan

Xilu · Jianguo

Anting

Chinese Academy
of Sciences · Taiyuan · Xiangyang · Xiaomuqiao

6 · Wulumuqi · Zhaojiabang · Lu · 肇 · 嘉

Shanghai Medical University · Pingjiang · **124** · Lu · Yixueyuan

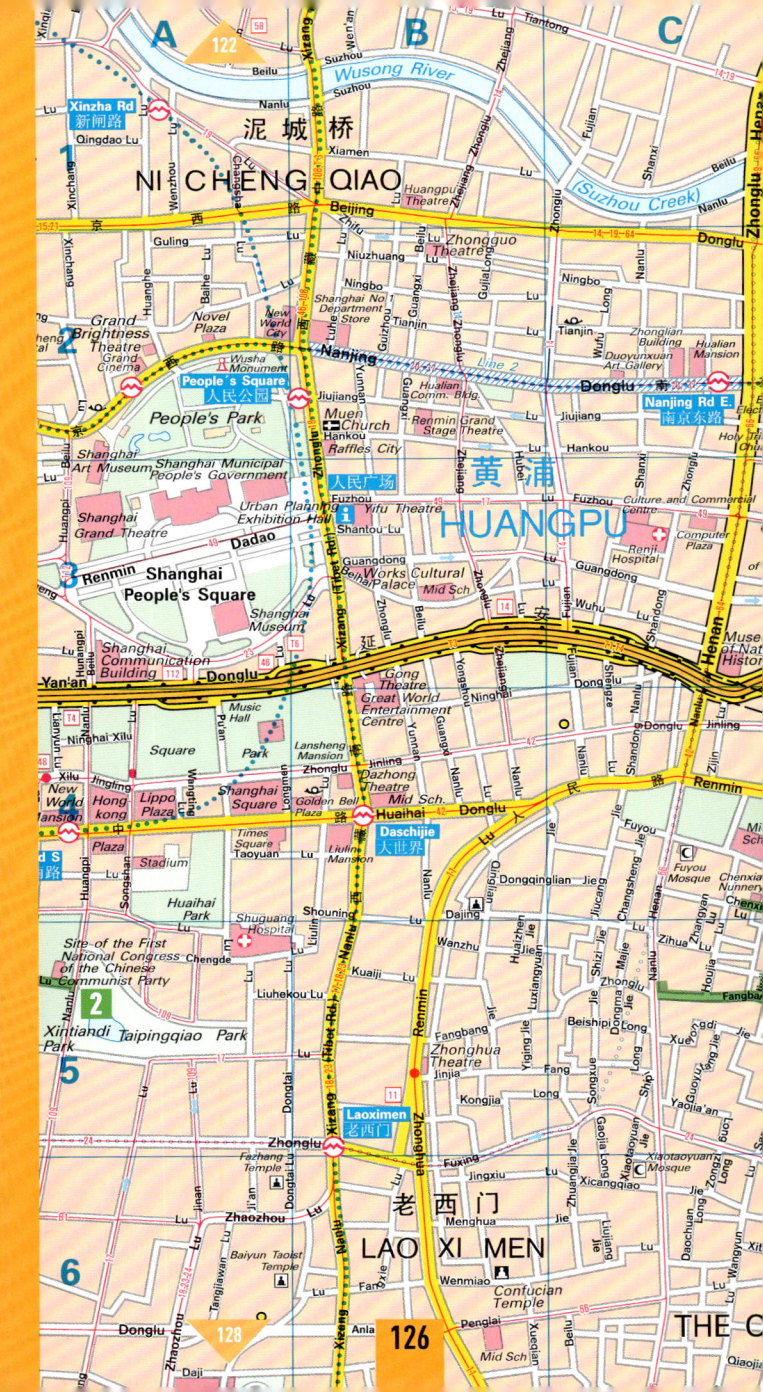

Shanghai
Post Office

Tiantong Lu

Shanghai
People's Hospital
Shanghai

Club

Sichuan

Wusong

Minhang Lu

Wuchang Lu

Emei Lu

Schi

Lugo

Lu

Dongche

jushun

ing

Yongding Lu

Machang

Lu

**Dongdaming Lu**

**Daming Lu** 大名路

The Panorama

Nanzn

F 1

Zhongshan Lu

Zhejiang

Nanu

Waibaidu

Changzl

Waibaidu
Bridge

Huangpu

3

International
Passenger Terminal

Hong

Kong

mingyuan

Lu

Bank of China

Sichuan

Dianchi

City
Bank

Shanghai
People's Hero
Memorial Monument

Huangpu
Park

**Huangpu River**

2

Zhongshan

Lu

Foreign
Exch. Ctr

20

Lu

Bund Sightseeing Tunnel

Chen Yi
Monument

Shanghai
International
Convention
Centre

Shanghai
History Museum

Custom House

Pudong
elopment Bank

pital
trict

The Bund

Zhongshan Dong 1-Lu

3

42

Binjiang

Oriental Pearl
TV Tower

Fenghe Lu

Shanghai
Ocean Aquarium

Mingzhu
Park

Yincheng

Beilu

3

Union
Building

路

77

Zhongshan Dong 2-Lu

Yan'an Donglu Tunnel

B1 B2

**Lujiazui**

**Xilu**

Lujiazui 陆家嘴

Shiji

Lujiazui

Yincheng

Super Brand
Mall

Shangri La
Hotel

Euchang

Yincheng

3

Green

Dadao

Xinyong'an

Yong'an Lu

Dongu

Nanlu

Xilu

Huayuanshiqiao

Jin Mao
Building

烂 泥 渡

**LAN NI DU**

Pumin

Zhongln

Jin Mao

Anping
Jie

Lu

Gucheng

Gangu Jie

Park

Lu

Yangshou

Yincheng Nanlu

Lu

an
Garden

Temple of
the Town Gods

Wutong

Anten

Lu

Danfeng

3

85 86

**Dongchang**

85 86

Pumin

Renji

**PUDONG**

5

Xianzuo
Jie

fid Sch

Jukui

Jie

Lu

Zhonglu

Shilupu
Passenger
Terminal

Bingchangtian

Shangcheng

Shenjin
Building

Rongcheng

Xiyaojie

Spanlou

Danteng

Jie

55

**Dongmen Lu** 东门路

Waixiangua

Long

Shangcheng

Qixin

Dongu

Xinmatou

Long

Laotaiping

Hengile

Dada Wharf

**400m**

Donggao
Building

6

Baidu

Maojia

Jie

Jie

Hengile

**Fuxing**

24 64

**Donglu**

**Fuxing Donglu Tunnel**

**Zhangyang** Lu

Laoxin

129

ITY

Binjiang
Building

**LAOXI MEN**

THE O

**NANSHI**
南 市
NANSHI

Huangpu River

**ZHOU JIA DU**

Expo 2010
Proposed Area

Expo 2010 Proposed A

Shanghai
Port Machinery Plant

Solvent Fa
Shangha

Xinmatou
Dada Wharf
127
Donggao Building
Fuxing
Donglu
Fuxing Donglu Tunnel
Zhengyang Lu
Laoxin
24 64
Binjiang Building
1
Maojia
Caontiang
Fukang
Zixia
Wangjiamatou
Belshijia
Xinmatou
Gaozi
Nanjie
2
Dongjiadu
Zhuhangmatou
Long
Pudian
Zhangjiabang
Wanyumatou
Huay
Jie
Laobaidu
Towel Factory Shanghai No 1
3
Gongyimatou
Perfume Factory Xin Hua
Dongjiadu Church
Zhongshan
Tangqiao
Automobile Chassis Factory Shanghai
People's Hospital Shanghai No 2
Hutquan
Xilu
Tangqiao
Nanlu
Youchenabou Jie
Tangqiao
Shanghai Ocean Shipping Repair Dockyard
Pulian
Xilu
Tangqiao
Pudong Nanlu
4
Pujian Lu
Waima
Nanpu Bridge
Pudong
Shanghai Edward Shipbuilding Company LTD
Paper Cutting Machinery Works
南码头
NAN MA TOU
83
PUDONG
Tangnan
Nanpu Square Park
Tangyan
5
Shenjin Building
Jiaonan
Nanquan
Hennatou Lu
Nanlu
Bailian Brook
Punan Hospital
Nanlu
Pusan
Nanquan
Dongfang Lu
S

Shanghai Oriental TV
400m

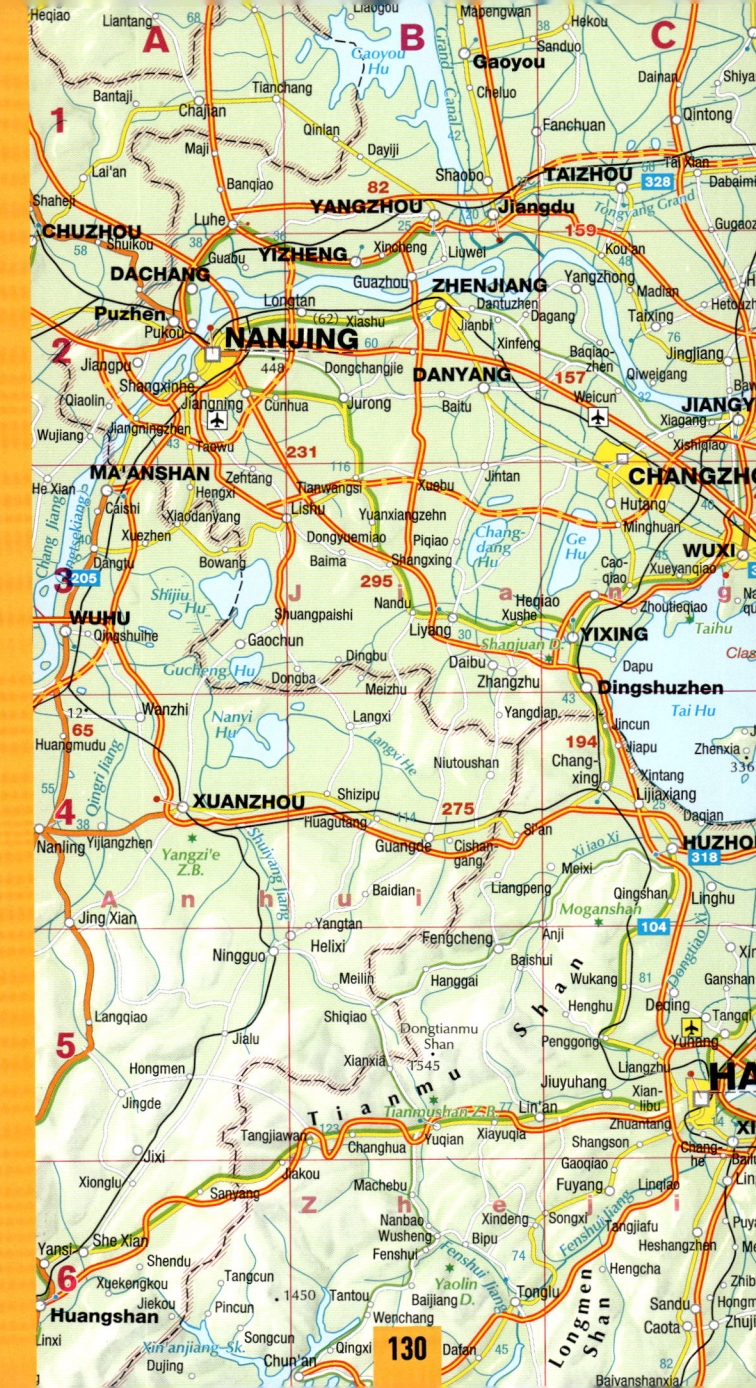

130

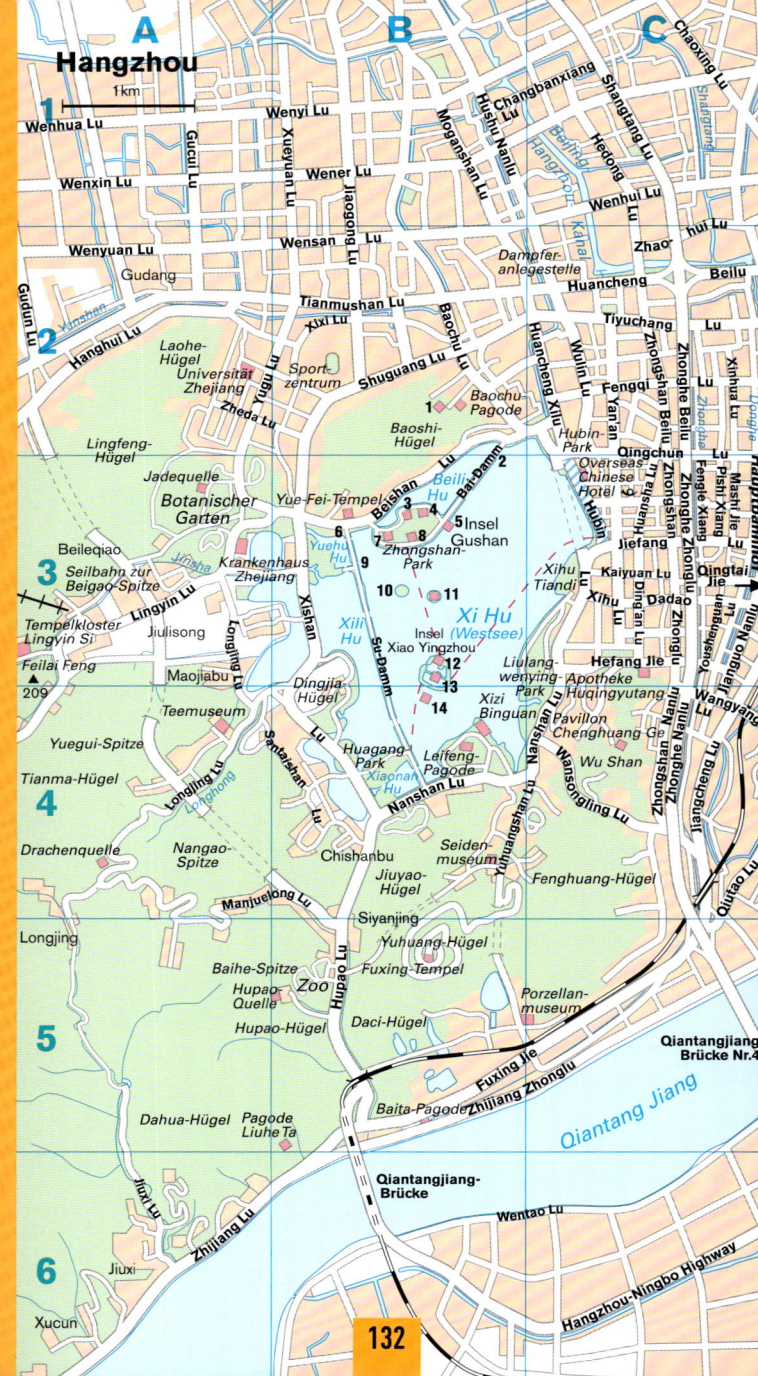

# Hangzhou

1km

**A**

Wenhua Lu
Wenxin Lu
Wenyuan Lu
Gudang
Gudun Lu
Hanghui Lu
Laohe-Hügel
Universität Zhejiang
Lingfeng-Hügel
Jadequelle
Botanischer Garten
Beileqiao
Seilbahn zur Beigao-Spitze
Tempelkloster Lingyin Si
Feilai Feng
209
Jiulisong
Maojiabu
Teemuseum
Yuegui-Spitze
Tianma-Hügel
Drachenquelle
Nangao-Spitze
Longjing
Baihe-Spitze
Hupao-Quelle
Hupao-Hügel
Dahua-Hügel
Pagode Liuhe Ta
Jiuxi
Xucun

**B**

Wenyi Lu
Xueyuan Lu
Wener Lu
Wensan Lu
Jiaogong Lu
Tianmushan Lu
Xixi Lu
Sport zentrum
Zheda Lu
Yue-Fei-Tempel
Krankenhaus Zhejiang
Lingyin Lu
Xishan
Longjing Lu
Santaishan Lu
Dingjia-Hügel
Huagang-Park
Longhong
Chishanbu
Manjuelong Lu
Siyanjing
Hupao Lu
Zoo
Daci-Hügel
Zhijiang Lu
Qiantangjiang-Brücke

Changbanxiang
Hushu Nanlu
Moganshan Lu
Baochu Lu
Shuguang Lu
Baoshi-Hügel
1
Beishan Lu
6
3
4
Yuehu Hu
7 8
9 Zhongshan-Park
10 11
Xili Hu
Insel Xiao Yingzhou
12
13
14
Su-Damm
Xiaonan Hu
Leifeng-Pagode
Nanshan Lu
Seiden-museum
Jiuyao-Hügel
Yuhuang-Hügel
Fuxing-Tempel
Baita-Pagode
Fuxing Jie
Zhijiang Zhonglu
Qiantangjiang-Brücke

**C**

Chaoxing Lu
Shangtang Lu
Jiangjiang Lu
Hedong
Shangtang
Beili Hou
Kanal
Wenhui Lu
Zhao hui Lu
Beilu
Huancheng
Tiyuchang
Huancheng Xilu
Wulin Lu
Baochu-Pagode
Hubin-Park
Qingchun
Overseas Chinese Hotel
Hubin
Jiefang
Fengqi
Yan'an
Zhonghe Beilu
Zhongshan Beilu
Zhonghe Zhonglu
Zhongshan Zhonglu
Kaiyuan Lu
Xihu Tiandi
Xihu Lu
Jiefang
Dadao
Hefang Jie
Huqingyutang Apotheke
Pavillon Chenghuang Ge
Wu Shan
Wansongling Lu
Fenghuang-Hügel
Qiantangjiang Brücke Nr.4

Xinhua Lu
Longle
Qingtai Lu
Qingtai
Dadao
Wangyang
Chengzhan
Quhao Lu

Liulang-wenying-Park
Xizi Binguan

5 Insel Gushan
Xihu (Westsee)
Xi Hu (Westsee)

Insel Xiao Yingzhou

Porzellan-museum

Qiantang Jiang

Wentao Lu

Hangzhou-Ningbo Highway

132

## Hangzhou

1 Terrasse des Sonnenaufgangs
2 Duan Qiao-Brücke
3 Gedächtnispagode Dr. Sun Yat Sen
4 Fanghe-Pavillon (Kranichpavillon)
5 Pavillon "Herbstmond über dem Stillen See"
6 Kuahong-Brücke
7 Grab der Qiu Jin
8 Provinzmuseum
9 Dongpu-Brücke
10 Insel Ruangongdun
11 Pavillon "In der Mitte des Sees"
12 ehem. "Tempel der Vergangenen Werte"
13 Blumen- und Vogelhaus
14 Santan Yinyue

## Suzhou

1 Garten Zhuozheng Yuan
  (Garten der Politik meiner Wenigkeit)
2 Tempel Bao'en Si
3 Garten Shizi Lin (Löwenhain)
4 Garten Liu Yuan (Bleibegarten)
5 Garten Ou Yuan (Doppelgarten)
6 Garten Yi Pu (Künstlergarten)
7 Garten Huanxiu Shanzhuang
  (Bergvilla der umgürteten Zier)
8 Tempel Xuanmiao Guan
9 Opern- und Theatermuseum
10 Garten Yi Yuan (Garten der Zufriedenheit)
11 Suzhou-Park
12 Ebener Garten
13 Garten Canglang Ting, Canglang-Pavillon
14 Garten Wangshi Yuan
  (Garten des Meisters der Netze)

# KARTENLEGENDE

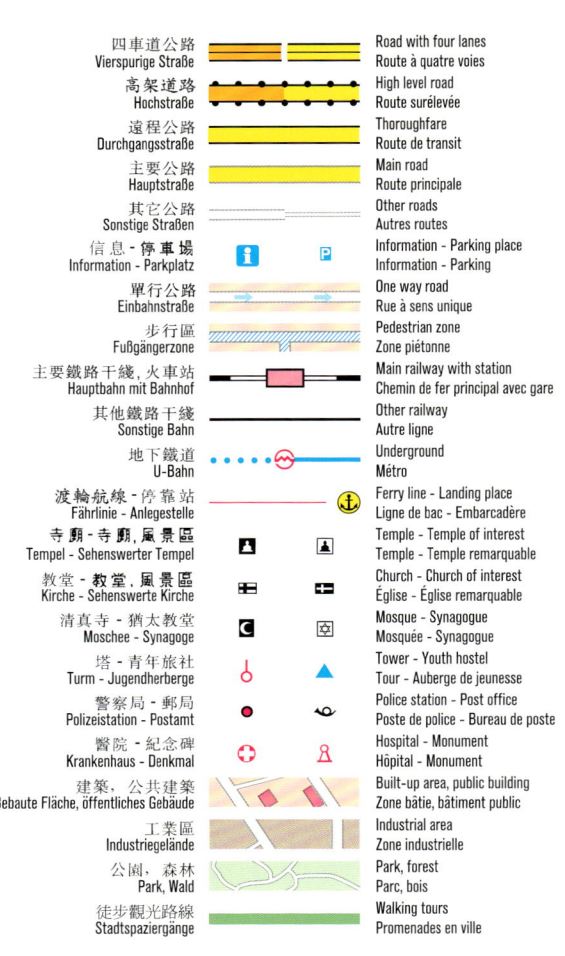

| | |
|---|---|
| 四車道公路<br>Vierspurige Straße | Road with four lanes<br>Route à quatre voies |
| 高架道路<br>Hochstraße | High level road<br>Route surélevée |
| 遠程公路<br>Durchgangsstraße | Thoroughfare<br>Route de transit |
| 主要公路<br>Hauptstraße | Main road<br>Route principale |
| 其它公路<br>Sonstige Straßen | Other roads<br>Autres routes |
| 信息 - 停車場<br>Information - Parkplatz | Information - Parking place<br>Information - Parking |
| 單行公路<br>Einbahnstraße | One way road<br>Rue à sens unique |
| 步行區<br>Fußgängerzone | Pedestrian zone<br>Zone piétonne |
| 主要鐵路干綫, 火車站<br>Hauptbahn mit Bahnhof | Main railway with station<br>Chemin de fer principal avec gare |
| 其他鐵路干綫<br>Sonstige Bahn | Other railway<br>Autre ligne |
| 地下鐵道<br>U-Bahn | Underground<br>Métro |
| 渡輪航綫 - 停靠站<br>Fährlinie - Anlegestelle | Ferry line - Landing place<br>Ligne de bac - Embarcadère |
| 寺廟 - 寺廟, 風景區<br>Tempel - Sehenswerter Tempel | Temple - Temple of interest<br>Temple - Temple remarquable |
| 教堂 - 教堂, 風景區<br>Kirche - Sehenswerte Kirche | Church - Church of interest<br>Église - Église remarquable |
| 清真寺 - 猶太教堂<br>Moschee - Synagoge | Mosque - Synagogue<br>Mosquée - Synagogue |
| 塔 - 青年旅社<br>Turm - Jugendherberge | Tower - Youth hostel<br>Tour - Auberge de jeunesse |
| 警察局 - 郵局<br>Polizeistation - Postamt | Police station - Post office<br>Poste de police - Bureau de poste |
| 醫院 - 紀念碑<br>Krankenhaus - Denkmal | Hospital - Monument<br>Hôpital - Monument |
| 建築, 公共建築<br>Bebaute Fläche, öffentliches Gebäude | Built-up area, public building<br>Zone bâtie, bâtiment public |
| 工業區<br>Industriegelände | Industrial area<br>Zone industrielle |
| 公園, 森林<br>Park, Wald | Park, forest<br>Parc, bois |
| 徒步觀光路綫<br>Stadtspaziergänge | Walking tours<br>Promenades en ville |

# REGISTER

*Das Register enthält alle in diesem Reiseführer beschriebenen Sehenswürdigkeiten und Museen in Shanghai, Hangzhou und Suzhou sowie alle Ausflugsziele. Halbfette Seitenzahlen verweisen auf den Haupteintrag, kursive auf ein Foto.*

> *www.marcopolo.de/shanghai*

## > SCHREIBEN SIE UNS!

*Liebe Leserin, lieber Leser,*

wir setzen alles daran, Ihnen möglichst aktuelle Informationen mit auf die Reise zu geben. Dennoch schleichen sich manchmal Fehler ein – trotz gründlicher Recherche unserer Autoren/innen. Sie haben sicherlich Verständnis, dass der Verlag dafür keine Haftung übernehmen kann.

Wir freuen uns aber, wenn Sie uns schreiben.

Senden Sie Ihre Post an die MARCO POLO Redaktion, MAIRDUMONT, Postfach 31 51, 73751 Ostfildern, info@marcopolo.de

## IMPRESSUM

Titelbild: Skyline, Ausflugsboot auf dem Huangpu (ecopix.de: Lee)
Fotos: O. Bolch (94, 97); Dragonfly: Georgie Yam (13 o.); ecopix.de: Lee (1); R. Freyer (2 l., 2 r., 3 l., 3 M., 6/7, 22/23, 38/39, 40, 47, 55, 59, 60/61, 62, 64, 65, 68, 72/73, 77, 80/81, 90, 92/93, 96, 103, 120/121); Volker Häring (98 o. l., 98 u. r., 99 o. l., 99 M. l.); Huber: Mehlig (8/9, 26), Picture Finders (4 r., 30, 90/91, 100/101); © iStockphoto.com: Brasil2 (14 M.), dwphotos (13 u., 99 u. r.), gremlin (99 M. r.), pcatalin (15 u.), YinYang (98 M. r.); V. Janicke (21); Jooi Design Studio: Donna.Lu. (15 o.); Lapis Casa Boutique Hotel: Mr. Payton (14 u.); Mauritius: Superstock (20/21), Vidler (20); S. Meyer-Zenk u. H.-W. Schütte; Kai Ulrich Müller (43, 84/85); Claudio Petrelli (12 o.); Thomas Rötting (98 M. l.); H.-W. Schütte (104); Shanghai Organics: Brian S. Heimberg (12 u.); T. Stankiewicz (U. M., U. r., 3 r., 4 l., 5, 11, 19, 29, 33, 35, 37, 44, 48, 50/51, 52, 56, 57, 66/67, 71, 74, 78, 82, 83, 87, 89, 91); Three on the Bund: Chester Ong (14 o.); White Star: Reichelt (U. l., 16/17)

**3., aktualisierte Auflage 2008**
© MAIRDUMONT GmbH & Co. KG, Ostfildern
Verlegerin: Stephanie Mair-Huydts; Chefredaktion: Michaela Lienemann, Marion Zorn
Autoren: Sabine Meyer-Zenk, Dr. Hans-Wilm Schütte; Redaktion: Corinna Walkenhorst
Programmbetreuung: Cornelia Bernhart, Jens Bey, Nadia Al Kureischi
Bildredaktion: Gabriele Forst
Szene/24h: wunder media, München; Kartografie Reiseatlas: © Falk Verlag, Ostfildern
Innengestaltung: Zum goldenen Hirschen, Hamburg; Titel/S. 1–3: Factor Product, München
Sprachführer: Dr. Hans-Wilm Schütte, Dr. Wang Yubo

# FÜR IHRE NÄCHSTE REISE

## gibt es folgende MARCO POLO Titel:

### DEUTSCHLAND
Allgäu
Amrum/Föhr
Bayerischer Wald
Berlin
Bodensee
Chiemgau/Berchtes-
gadener Land
Dresden/Sächsische
Schweiz
Düsseldorf
Eifel
Erzgebirge/Vogtland
Franken
Frankfurt
Hamburg
Harz
Heidelberg
Köln
Lausitz/Spreewald/
Zittauer Gebirge
Leipzig
Lüneburger Heide/
Wendland
Mark Brandenburg
Mecklenburgische
Seenplatte
Mosel
München
Nordseeküste
Schleswig-
Holstein
Oberbayern
Ostfriesische Inseln
Ostfriesland/
Nordseeküste
Niedersachsen/
Helgoland
Ostseeküste
Mecklenburg-
Vorpommern
Ostseeküste
Schleswig-
Holstein
Pfalz
Potsdam
Rheingau/
Wiesbaden
Rügen/Hiddensee/
Stralsund
Ruhrgebiet
Schwäbische Alb
Schwarzwald
Stuttgart
Sylt
Thüringen
Usedom
Weimar

### ÖSTERREICH | SCHWEIZ
Berner Oberland/
Bern
Kärnten
Österreich
Salzburger Land

Schweiz
Tessin
Tirol
Wien
Zürich

### FRANKREICH
Bretagne
Burgund
Côte d'Azur/
Monaco
Elsass
Frankreich
Französische
Atlantikküste
Korsika
Languedoc-
Roussillon
Loire-Tal
Normandie
Paris
Provence

### ITALIEN | MALTA
Apulien
Capri
Dolomiten
Elba/Toskanischer
Archipel
Emilia-Romagna
Florenz
Gardasee
Golf von Neapel
Ischia
Italien
Italienische Adria
Italien Nord
Italien Süd
Kalabrien
Ligurien/
Cinque Terre
Mailand/Lombardei
Malta/Gozo
Oberital. Seen
Piemont/Turin
Rom
Sardinien
Sizilien/
Liparische Inseln
Südtirol
Toskana
Umbrien
Venedig
Venetien/Friaul

### SPANIEN | PORTUGAL
Algarve
Andalusien
Barcelona
Baskenland/Bilbao
Costa Blanca
Costa Brava
Costa del Sol/
Granada
Fuerteventura

Gran Canaria
Ibiza/Formentera
Jakobsweg/Spanien
La Gomera/El Hierro
Lanzarote
La Palma
Lissabon
Madeira
Madrid
Mallorca
Menorca
Portugal
Spanien
Teneriffa

### NORDEUROPA
Bornholm
Dänemark
Finnland
Island
Kopenhagen
Norwegen
Schweden
Südschweden/
Stockholm

### WESTEUROPA | BENELUX
Amsterdam
Brüssel
Dublin
England
Flandern
Irland
Kanalinseln
London
Luxemburg
Niederlande
Niederländische
Küste
Schottland
Südengland

### OSTEUROPA
Baltikum
Budapest
Estland
Kaliningrader
Gebiet
Lettland
Litauen/Kurische
Nehrung
Masurische Seen
Moskau
Plattensee
Polen
Polnische Ostsee-
küste/Danzig
Prag
Riesengebirge
Russland
Slowakei
St. Petersburg
Tschechien
Ungarn
Warschau

### SÜDOSTEUROPA
Bulgarien
Bulgarische
Schwarzmeerküste
Kroatische Küste/
Dalmatien
Kroatische Küste/
Istrien/Kvarner
Montenegro
Rumänien
Slowenien

### GRIECHENLAND | TÜRKEI | ZYPERN
Athen
Chalkidiki
Griechenland
Festland
Griechische
Inseln/Ägäis
Istanbul
Korfu
Kos
Kreta
Peloponnes
Rhodos
Samos
Santorin
Türkei
Türkische Südküste
Türkische Westküste
Zakinthos
Zypern

### NORDAMERIKA
Alaska
Chicago und
die Großen Seen
Florida
Hawaii
Kalifornien
Kanada
Kanada Ost
Kanada West
Las Vegas
Los Angeles
New York
San Francisco
USA
USA Neuengland/
Long Island
USA Ost
USA Südstaaten/
New Orleans
USA Südwest
USA West
Washington D.C.

### MITTEL- UND SÜDAMERIKA
Argentinien
Brasilien
Chile
Costa Rica
Dominikanische
Republik

Jamaika
Karibik/
Große Antillen
Karibik/
Kleine Antillen
Kuba
Mexiko
Peru/Bolivien
Venezuela
Yucatán

### AFRIKA | VORDERER ORIENT
Ägypten
Djerba/
Südtunesien
Dubai/Vereinigte
Arabische Emirate
Israel
Jerusalem
Jordanien
Kapstadt/
Wine Lands/
Garden Route
Kenia
Marokko
Namibia
Qatar/Bahrain/
Kuwait
Rotes Meer/Sinai
Südafrika
Tunesien

### ASIEN
Bali/Lombok
Bangkok
China
Hongkong/
Macau
Indien
Japan
Ko Samui/
Ko Phangan
Malaysia
Nepal
Peking
Philippinen
Phuket
Rajasthan
Shanghai
Singapur
Sri Lanka
Thailand
Tokio
Vietnam

### INDISCHER OZEAN | PAZIFIK
Australien
Malediven
Mauritius
Neuseeland
Seychellen
Südsee

# > UNSERE INSIDER

MARCO POLO Autoren Sabine Meyer-Zenk und
Hans-Wilm Schütte im Interview

**Sabine Meyer-Zenk, Geografin und freie Autorin, und Dr. Hans-Wilm Schütte, Sinologe und China-publizist: „Shanghai ist faszinierend!"**

## Sie fahren regelmäßig nach Shanghai. Wie ist es dazu gekommen?

SMZ: Ich habe drei Jahre lang, von 2000 bis 2003, in Shanghai gelebt. Und mein Herz an die Stadt verloren, drum muss ich schauen, wie es ihr geht. Und meinen Freunden, die dort leben.
HWS: Ich bin beruflich jedes Jahr in China unterwegs. Da lässt man die Stadt selten aus.

## Wie geht es Ihnen in Shanghai?

SMZ: Shanghai fasziniert mich – die Größe, das Fremde, die Gegensätze. Immer wieder staunen und sich überraschen lassen, aber sich über nichts wundern, damit kommt man weit: Man erlebt die schönsten Geschichten und trifft die interessantesten Leute.
HWS: Na klar ist Shanghai faszinierend, und wie! Wie ich es sehe, entsteht da die Weltmetropole des 21. Jhs. Aber mich berühren ebenso Hangzhou und Suzhou, diese Zentren klassisch-chinesischer Lebensart.
SMZ: Als Kenner des alten China hat Herr Dr. Schütte deshalb auch die Texte zu Hangzhou und Suzhou verfasst, ebenso wie zu Religion, Kunst und zu Putuo Shan.

## Was machen Sie beruflich?

SMZ: Ich betreibe eine Textagentur für Presse- und Öffentlichkeitsarbeit.
HWS: ... und ich lebe davon, über China zu forschen und zu schreiben.

## Sprechen Sie Chinesisch? Wie, wo und warum haben Sie die Sprache gelernt?

SMZ: Ich kann mich im Alltag verständigen, das habe ich in Shanghai gelernt.
HWS: Chinesisch in Wort und Schrift ist mein Handwerkszeug.

## Was prädestiniert Sie als MARCO POLO Autoren?

SMZ: Meine Neugierde. Und meine Profession als Geografin: Wir wollen doch immer die Welt erforschen, vermessen und ganz genau beschreiben.
HWS: Neugierde – das trifft auch auf mich zu. Im Übrigen: siehe oben.

## Was tun Sie in Ihrer Freizeit?

SMZ: Laufen, im Garten buddeln und übers Meer segeln.
HWS: Ich fahre am liebsten mit dem Fahrrad durch Deutschland.

## Mögen Sie die chinesische Küche? Ihr Lieblingsessen?

SMZ: Gebackene Süßkartoffeln! Man kauft sie in der kalten Jahreszeit von den Bauern, die sie in Feuertonnen garen.
HWS: Teigtaschen, Meeresfrüchte und vieles mehr. Eigentlich kommt man in China aus dem Schlemmen kaum heraus.

# > BLOSS NICHT!

## Ein paar Dinge und Situationen, die sich leicht vermeiden lassen

### An Feiertagen auf Reisen gehen

Zum Frühlingsfest, zum Tag der Arbeit und zum Nationalfeiertag macht ganz China Urlaub. Überfüllte Züge, ausgebuchte Hotels und überlaufene Sehenswürdigkeiten lassen Ausflüge dann zum Albtraum werden.

### Den Berufsverkehr unterschätzen

In Shanghai werden monatlich rund 5000 neue Fahrzeuge zugelassen, de facto bedeutet das: Der Stau wird immer unerträglicher. Planen Sie daher immer genug Zeit für die Anfahrt ein.

### Sich abzocken lassen

Informieren Sie sich beim Besuch von Karaoke-Bars und Massagesalons über Art und Kosten der Dienstleistung. Denn die Prostitution ist zwar verboten, aber dort und in Friseursalons präsent. Rotierende Leuchtsäulen am Eingang weisen oft darauf hin, dass auch Liebesdienste angeboten werden. Auch ungebetene Stadtführer(innen) und die lästigen Schlepper, die gefälschte Ware in Hinterzimmern verkaufen wollen, haben nur Abzocke in Sinn. Bitte verwechseln Sie diese Belästigungen nicht mit der harmlosen Gesprächsbereitschaft junger Leute, die ihr Englisch ausprobieren wollen.

### Händlern alles glauben

Wenn Sie einen Gegenstand kaufen, dann nur, weil er Ihnen gefällt, aber nicht, weil er angeblich alt oder echt oder aus anderen Gründen wertvoll sein soll. Kaum eine der angebotenen Designertaschen ist aus Leder, und die Luxusuhren sehen zwar gut aus, gehen aber schnell kaputt.

### Ohne Adresse ins Taxi steigen

Taxifahrer sprechen nur selten Englisch und können die lateinischen Buchstaben nicht lesen. Englische Namen sind zudem meist keine Übersetzung der chinesischen Bezeichnung. Lassen Sie sich z. B. im Hotel ihre Zieladresse in chinesischen Schriftzeichen aufschreiben.

### Raubkopien und Fälschungen einkaufen

Dann kann es schon beim chinesischen Zoll zu Scherereien kommen. Wenn dann noch der deutsche Zoll Einfuhrzoll auf Ihre angeblich echte Gucci-Tasche erhebt, hat sich der Kauf von Fälschungen nicht gelohnt.

### Schuhputzern auf den Leim gehen

Besonders in der Nähe des People's Square arbeitet eine Gang, die Kunden für eine Bezahlung von „only ten!" anlockt. Wenn das Schuhwerk glänzt, wollen sie nicht zehn Yuan, sondern zehn Dollar kassieren. Verabreden Sie vorher einen festen Preis. Es gibt nämlich auch ehrliche Schuhputzer. Sollte Ihnen dennoch einmal jemand frech kommen, drohen Sie einfach mit der Polizei, dann sind Sie ihn schnell los.